U0115722

走进千年

遼上京

下

刘喜民 刘浩然 著

内蒙古人民出版社

内蒙古出版集团

图书在版编目(CIP)数据

走进千年辽上京 ：全3册 / 刘喜民，刘浩然著.
--呼和浩特 ：内蒙古人民出版社，2014.1
ISBN 978-7-204-12692-7

Ⅰ．①走… Ⅱ．①刘… ②刘… Ⅲ．①中国历史
－辽代－通俗读物 Ⅳ．①K246.109

中国版本图书馆CIP数据核字(2013)第 313154 号

走进千年辽上京

作　　者	刘喜民　刘浩然
选题策划	马东源
责任编辑	马燕茹　王　静　樊志强　李向东
封面设计	那日苏
出版发行	内蒙古出版集团　内蒙古人民出版社
地　　址	呼和浩特市新城区新华大街祥泰大厦
网　　址	http://www.nmgrmcbs.com
印　　刷	内蒙古爱信达教育印务有限责任公司
开　　本	810×1050　1/16
印　　张	30.75
字　　数	689千
版　　次	2014年6月第1版
印　　次	2014年6月第1次印刷
印　　数	1—4000 套
书　　号	ISBN 978-7-204-12692-7/ K·360
定　　价	118.00元（上、中、下）

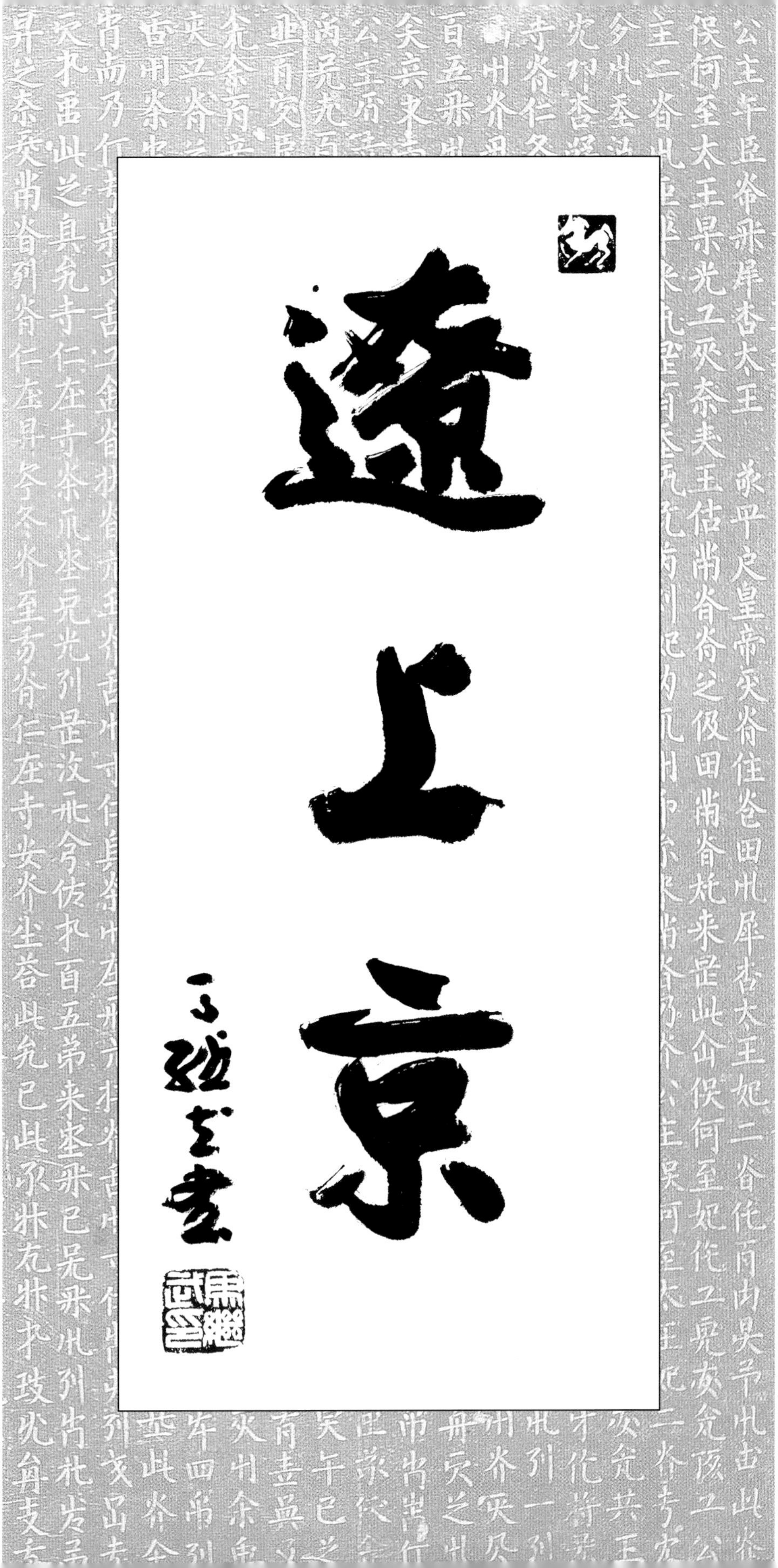
遼上京

前　言

　　公元十世纪，契丹民族崛起于我国北方，建立了中国历史上与五代、北宋相始终的契丹辽王朝，创造了举世瞩目的契丹辽文化。但是，随着契丹辽王朝的灭亡，这个对中华民族、中华国家、中华文化和人类文明有着巨大贡献的伟大民族却神秘地消失了，契丹辽文化也逐渐被历史的长河所湮没，成为史学上的一个千古之谜。历代史学家为了揭开这个谜底，进行了不懈地研究和探索。时至今日，大量的考古发现终于使尘封千年的契丹辽文化逐渐撩开神秘面纱，重新展现在世人面前。

　　概而言之，契丹辽文化是以中原文化与草原文化、农耕文化与游牧文化相融合为主而形成的一种多元文化。不过，文化是一个非常广泛的概念，要想全面了解和研究契丹辽文化，还应该走进它的发源地——辽上京。

　　有辽一代建有五京，上京是首都。上京城自公元918年建筑至公元1120年被金兵攻陷，作为契丹辽王朝首都共计202年。这里不仅是契丹辽王朝政治、经济、文化、宗教中心，是契丹辽王朝九帝后及高官显贵们生活和工作之地，同时也是契丹辽王朝耶律氏皇族的祖籍，肇兴开国昌盛之地。从辽太祖阿保机七世祖耶律雅里算起，至其九世孙辽天祚帝耶律延禧被金兵俘虏，契丹辽王朝灭亡的400余年时间里，辽上京是辽太祖家族十六代人繁衍生息的地方，留下了诸多以辽帝后、皇族外戚、高官显贵为主的契丹及汉、渤海人的痕迹和记忆，由此奠定了辽上京作为契丹辽文化发源地的历史地位。

　　从史学研究角度，辽上京是契丹辽王朝的首都，是一座都城；从大众传媒角度，辽上京泛指今巴林左旗。本书即是从大众传媒角度，以辽上京主要山脉河流，辽代古城遗址、建筑、墓葬及辽王朝帝、后和主要人物等为切入点，融山川河流，辽代建筑、遗址、人物、考古及辽王朝政治、经济、文化、外交、宗教、人文地理、历史事件等于一体，用现代语言、今人视角叙述契丹辽王朝建立者辽太祖阿保机家族祖籍地、发祥地，辽上京名称演变、契丹建国情况及发生在辽上京的历史事件、生活和工作在辽上京的主要人物事迹，将一千多年前契丹人在辽上京的故事展现在读者面前，进而诠释辽上京之契丹辽代历史文化内涵。

　　本书将考古与历史故事、人物事迹等融为一体，是一本通俗性的历史读物，为了增强可读性和趣味性，根据各章节内容相应地配印了有关图片，意在让更多的人或契丹辽文化爱好者了解更多的辽上京之契丹辽代历史文化。

　　作者并非契丹辽史专家，只是出于对契丹辽史及家乡历史的一种爱好，而涉足契丹辽文化这一领域，充其量是一个"草根研究者"。本书的一些观点有些是借助了前人的研究成果，有些是作者多年阅读《辽史》的心得。由于契丹人给世人留下的资料非常匮乏，许多问题缺乏足够的证据加以说明，因此本书的一些观点带有推论的性质。当然，这些推论是建立在作者对《辽史》理解的基础之上，并非凭空想象。即便如此，也难免有错误之处，敬请读者指教。

作者

2013 年 3 月 20 日于辽上京

目录

·第八章·人物【1】

一、契丹建国前耶律氏主要人物【3】

二、辽王朝九帝 【9】

三、辽王朝十八后妃 【51】

四、辽王朝北、南枢密院枢密使 【59】

五、辽王朝北、南宰相府宰相【80】

六、辽王朝北、南大王院大王【95】

七、上京留守【113】

八、五代、北宋出使契丹至辽上京人物【124】

走进千年辽上京

·后 记·【147】

·参考书目·【148】

人物

人 物

辽上京是辽王朝200余年首都，终辽一世有数百上千的辽廷文武官员在这里生活过，这些人是辽王朝的栋梁之材，对辽王朝的建立和兴盛，对中华民族的形成及发展都做出了历史性贡献。受资料和篇幅所限，本文只辑录《辽史》有载的契丹建国（907年）前耶律氏主要人物、辽王朝9帝18后妃、北南两枢密院枢密使、北南两府宰相、北南两院大王、上京留守、五代及北宋出使辽廷使臣至辽上京者等主要人物计172人作一简介。

一、契丹建国前耶律氏主要人物

辽上京是辽王朝耶律氏皇族的祖源地和发祥地，辽太祖阿保机可追溯的祖先为七世，这7人是耶律氏家族中最早生活在辽上京这片大地上的人

辽代白釉皮囊式鸡冠壶

物，他们是辽王朝的先驱者，此处特将这7人和对耶律氏家族发展有贡献的3位人物作一简介。

雅里 亦称涅里、泥里、泥礼，辽太祖阿保机七世祖。雅里生卒年史籍不载，契丹大贺氏联盟末期开始出现在史籍里。唐武则天万岁通天元年（696年），契丹大贺氏联盟长、松漠都督府都督李尽忠在营州（今辽宁朝阳市）起兵反唐失败被杀，契丹残部逃入松漠间（今赤峰市境内西拉沐沦河和老哈河两河流域），在此后的近半个世纪的时间里，契丹诸部进入内讧时期，先后有5位大贺氏联盟长被杀，契丹大贺氏部落联盟遂告解体。

在契丹诸部内讧中，雅里脱颖而出，被唐廷封为契丹松漠都督府都督，掌握了契丹实际领导权（735年）。但雅里审时度势并没有自立为契丹王，而是拥立比自己部族强大的遥辇

辽墓壁画"备餐图"

3

辽代陶灯

《木叶山》——苏辙

奚田可耕凿，辽土直沙漠。

蓬棘不复生，条干何由作。

兹山亦沙阜，短短见丛薄。

冰霜叶堕尽，鸟兽纷无托。

乾坤信广大，一气均美恶。

胡为独穷陋，意似鄙夷落。

民生亦复尔，垢污不知怍。

君看齐鲁间，桑柘皆沃若。

麦秋载万箱，蚕老簇千箔。

余粱及狗彘，衣被遍城郭。

天工卒何心，地力不能博。

遂令尧舜仁，独不施礼乐。

宋元祐四年（公元1089年），苏辙作为贺辽主生辰国信使出使契丹。《木叶山》为"奉使出使契丹二十八首"之一。

氏为契丹王，组建了契丹遥辇氏汗国（737年）。

　　雅里此举并非风格高尚，而是采取的一种以退为进、蓄势待时之策，准备在自己家族势力强大时再取遥辇氏而代之。为此，他居拥立之功，借遥辇氏汗国初建、百废待举、建立制度、设置官衙、重组八部、权力重新分配之机，以自己家族为核心组建了迭刺部，并以迭刺部酋长（时称夷离堇）兼任汗国最高军事首领（亦称夷离堇），把契丹八部兵马大权抓在手中，成为仅次于可汗的汗国第二号人物，其家族所在迭刺部也一举成为八部中的强部，进而依靠强大的迭刺部势力，其家族取得了世为迭刺部酋长和汗国最高军事首领的特权，并把以今巴林左旗为中心的潢河（今赤峰市境内西拉沐沦河）以北地区占为家族游牧地，为其家族崛起奠定了基础。

　　关于雅里的离世时间史籍不载，但其曾孙耨里思在唐天宝四年（745年）已经担任迭刺部夷离

辽代绿釉梅瓶

辽墓石羊

事迹不详。此人是辽太祖直系祖先7人中第二任夷离堇,从其担任迭剌部夷离堇的时间上来看(即雅里在遥辇氏汗国建立不久便离世),他参与了父亲雅里组建迭剌部的过程,因此在父亲去世后才水到渠成地接过了迭剌部夷离堇权柄。时值迭剌部的"开山之祖"雅里去世、遥辇氏汗国刚刚建立、汗国内部权力争夺激烈、政局不稳,毗牒在这种特殊形势下接掌迭剌部夷离堇权柄,并保证迭剌部在汗国中的地位和权势不失,说明他是一个很了不起的人物,在迭剌部世里家族事业发展上起到了承上启下、至关重要的作用。

堇,曾率兵在潢水南打败过安禄山,其时距离遥辇氏汗国建立(737年)只有短短的8年时间,说明雅里在遥辇氏汗国建立时已经是老年,不久便去世。

契丹族原来没有姓氏,以所居地名呼之,雅里家族所居巴林左旗在辽代时称世没里地,因此以世里氏著姓,世里汉译为耶律,阿保机开国称帝后便以耶律氏著姓。雅里是阿保机的七世祖,也是史籍所记载的生活在巴林左旗土地上的辽王朝耶律氏皇族的始祖。

毗牒 雅里之子、辽太祖六世祖,生卒年及

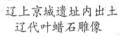

辽上京城遗址内出土
辽代叶蜡石雕像

颏领 雅里之孙、毗牒之子、辽太祖五世祖,生卒年不详。《辽史·地理志》庆州条载"庆州,玄宁军……辽国五代祖勃突,貌异常,

辽白玉鸡坠饰

辽白玉马坠饰

第八章 人物

有武略，力敌百人，众推为王。生于勃突山，因以名；没，葬山下。在州二百里。"由此可知，颏领亦称勃突，因生于勃突山而得名。关于勃突山地望，上述史料中只说"在（庆）州二百里。"并没有指出方位。不过，颏领之子耨里思（辽太祖四世祖）生于辽祖州的天梯山下，而天梯山正位于庆州西南200余里处，且天梯山顶有一突兀勃起的石砬子，直插云霄，正与勃突山名相符。由此推测，天梯山与勃突山当属于一座山或同一条山脉。也就是说，颏领担任迭剌部夷离堇期间，主要是以巴林左旗为中心来开展活动的，因此其子耨里思才生在巴林左旗的辽祖州。

辽爪棱形陶罐（敖汉旗出土）

颏领是雅里之孙，其时雅里子孙两辈人肯定不在少数，迭剌部夷离堇（酋长）权力争夺肯定也是非常激烈的。因颏领"貌异常，有武略，力敌百人"，具备了一个英雄人物的形象，所以才"众推为王"，在使迭剌部世里家族事业发扬光大的同时，也使辽太祖一支系在迭剌部中处于强势地位。

耨里思　颏领之子、辽太祖四世祖（高祖），生于巴林左旗辽祖州，生卒年不详。此人与安禄山生活在同一时代，担任迭剌部夷离堇期间曾率契丹八部兵马在潢水南打败过安禄山的进攻（745年），时距遥辇氏汗国建立（737年）只有短短的8年时间，而世里氏家族已经有四代人担任迭剌部夷离堇，如果史籍所载时间不误的话，说明迭剌部世里氏家族真正发展壮大始于耨里思。此人在迭剌部及遥辇氏汗国八部中的威望很高，"令不严而人化"，是迭剌部世里氏家族发展历史上一个非常重要的人物。契丹建国后，耨

辽三足竹节莲瓣纹灯（现存赤峰市博物馆）

里思后裔被列为皇族；辽乾统三年（1103年）耨里斯被辽廷追谥为肃祖；生有4子，长子洽慎曾担任迭剌部夷离堇（其家支被列入五院皇族），次子萨剌德（辽太祖曾祖）；三子葛剌、四子洽礼（两家支均被列为六院皇族）。

萨剌德　耨里思次子，辽太祖曾祖，生于巴林左旗辽祖州，生卒年不详。此人担任迭剌部夷离堇期间，中原的大唐王朝经"安史之乱"开始走下坡路，无暇顾及草原诸部族，因此契丹等游牧民族获得了竞相发展时机，萨剌德率领契丹兵马对外用兵，不断拓展生存空间，在对北方的室韦诸部用兵时身中数箭而仍坚持战斗。这样的英雄形象使他在获得部族人敬佩的同时，也使迭剌部在对外征伐中掠取大量的财富，从而使世里家族获得了突飞猛进的发展。辽乾统三年（1103年）萨剌德被辽廷追谥为懿祖；生有4子，长子早卒无后；次子帖剌；三子匀德实（辽太祖祖

辽墓壁画

辽武安州佛塔

父）；四子袅古直（家支列为六院皇族）。

匀德实　萨剌德之三子，辽太祖祖父，生于巴林左旗辽祖州，生卒年不详。此人担任迭剌部夷离堇期间，大唐王朝已到末世，中原出现藩镇割据局面，匀德实率领契丹兵马不断越过长城攻掠燕云地区，使契丹社会出现了汉人口和农业产业，在促进契丹社会进步的同时，也进一步扩张了迭剌部的势力。但是随着迭剌部势力的扩张，部落领导权的争夺也越来越激烈，匀德实也最终被同族显贵狼德所杀害。辽重熙二十一年（1052年）被辽廷追谥为玄祖。生有4子，长子麻鲁早卒无后，次子严木、三子释鲁、四子撒剌的（辽太祖父亲）。

撒剌的　匀德实之四子，辽太祖之父，生于巴林左旗辽祖州，生卒年不详。匀德实被杀害时，撒剌的年龄尚小，与三位兄长在母亲带领下逃到突吕不部躲藏起来才免遭劫难。撒剌的长大后也投入到迭剌部夷离堇权力竞争之中，在担任夷离堇期间，率领契丹兵马继续对邻族和燕云用兵，曾俘虏奚族七千户，将中原的冶铁技术引入契丹腹地，在促进契丹社会进步的同时，进一步增强了迭剌部的势力。撒剌的去世时间及原因不

辽道宗"掷骰子"选状元

正史有记载以来用"掷骰子"这一方式定大事帝王或许只有辽道宗耶律洪基一人。辽道宗大安六年（公元1090年），辽国的科举考试进入了殿试阶段，即由皇帝亲自主持考试，以决定最后的名次的阶段。考试之日，耶律洪基进殿后，正式宣告这次殿试不再考诗赋文章，而要用一种新的方法决出高低，即掷骰子。这次殿试中，一位名叫李俨，技压群英，夺得了状元。李俨胜出后，不仅谋得了高官厚禄，而且还蒙赐契丹国姓"耶律"。

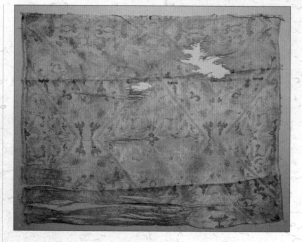

辽代丝织品

详，辽重熙二十一年（1052年）被辽廷追谥为德祖。撒剌的娶遥辇氏汗国北府宰相之女萧岩母斤为妻，生5子：耶律阿保机、耶律剌葛、耶律迭剌、耶律寅底石、耶律安端；1女（不知名字）；庶生子1人：耶律苏。

帖剌　字痕得，别名蒲古只、匣马葛、曷鲁辖麦哥，萨剌德次子，辽太祖伯祖，生卒年不详。此人曾九任迭剌部夷离堇，其家支是迭剌部世里氏家族中最强势的一支系。当年辽太祖祖父

辽代白釉盘

匀德实被同族显贵狼德杀害后，就是帖剌用计将狼德及其同党捕杀，重新夺回了夷离堇权柄，从而使辽太祖父亲撒剌的四兄弟摆脱了政敌的追杀，保住了性命。帖剌担任迭剌部夷离堇近30年（按照契丹旧俗，契丹可汗及部落酋长每届任期为三年），为迭剌部及世里氏家族的发展壮大做出了突出贡献，也为世里氏（即耶律氏）家族最终取代遥辇氏为契丹汗族奠定了基础，70岁而卒。契丹建国后，帖剌家支被列入六院皇族，因其子孙多为辽廷北院大王（即原迭剌部夷离堇），所以其家支也被称为六院皇族夷离堇房。帖剌之孙耶律羽之家族墓已经在阿鲁科尔沁旗朝格图山发现，据出土墓志及考古调查，朝格图山辽墓是帖剌家族墓地，这为我们了解辽廷耶律皇族在建国前的驻牧地提供了线索。即，辽祖州所在天梯山地域是辽太祖直系家支驻牧地；朝格图山地域是帖剌家支驻牧地，而巴林左旗及阿鲁科尔沁旗两地属于迭剌部辖区。

严木　字敌辇，匀德实次子，辽太祖二伯父，生卒年不详。匀德实被杀害时，严木四兄弟还都没有成年，在母亲带领下逃到突吕不部才

辽代釉陶鸡冠壶

免遭劫难。由于兄长麻鲁早卒，作为次子的严木则成为家里的顶梁柱。成年后，身长八尺，力大无穷，能徒手撕开鹿皮，声音如钟，站在山顶呼喊一声，数里之外都能听到。在父亲被杀害，家支受到沉重打击，甚至是跌入低谷的严峻形势下，严木靠自己的能力和拼搏，曾三任迭剌部夷离堇，从而重振家支雄风，45岁而卒。契丹建国后，严木家支被列入孟父房皇族；辽重熙二十一年（1052年）被辽廷追封为蜀国王（根据耶律仁先墓志应为楚国王）。

释鲁　字述澜，别名室鲁、述鲁、率懒，匀德实三子，辽太祖三伯父，生卒年不详。释鲁是四兄弟及迭剌部世里氏家族中的最勇健者，两臂有力，贤能而有智谋。担任迭剌部夷离堇期间率领契丹八部兵马东征西讨，不仅免除了契丹对突厥的岁贡，而且经常率领兵马越过长城攻掠燕云

地区，将中原纺织、筑城技术引入契丹，并在契丹腹地建筑了板筑城池，不仅使契丹族成为草原强族，而且使迭剌部世里氏家族势力得到"爆炸式"增长。遥辇氏可汗在世里氏家族势力的"威逼"下，拜释鲁为于越，并授予其总知军国事之权。释鲁拜于越总知军国事，标志着迭剌部的世里氏家族势力已经超过遥辇氏家族势力，释鲁的权势已凌驾于遥辇氏可汗之上，迭剌部的世里氏取代遥辇氏为契丹可汗只是时间问题。但是，就在这个节骨眼上，释鲁被小儿子滑哥及政敌耶律辖古只、萧台哂联手杀害，时年57岁。契丹建国后，释鲁家支被列入仲父房皇族；辽重熙二十一年（1052年）被辽廷追封为隋国王（根据耶律仁先墓志应为蜀国王）。

二、辽王朝九帝

辽王朝立世219年，传9帝，这9人是辽上京这片土地上土生土长出来的皇帝，也是辽上京历史上有史可查的9位皇帝，他们不仅仅是辽王朝的统治者，而且为中华民族的形成，为我国北疆的开拓开发做出了历史性贡献，创造了我国北方历史上最辉煌时期。写辽王朝的历史和人物，他们无

辽太祖陵，建筑完工于927年（位于巴林左旗境内）

疑都是第一位的，现将这9人的事迹小传如下。

辽太祖耶律阿保机（872年—926年） 姓耶律氏（即世里氏），讳亿，字阿保机，小字啜里只，出生于公元872年，辽德祖撒剌的长子，母萧岩母斤（宣简皇后）。

阿保机出生时迭剌部诸显贵争夺夷离堇权柄斗争还异常激烈，有过丈夫被害经历的祖母怕阿保机被政敌伤害，将孙子脸涂黑，藏在别帐之中亲自抚养，才使阿保机逐渐长大成人。在其成长过程中父亲撒剌的又去世（去世原因史籍没有记载），年纪轻轻的阿保机便承担起家庭生活重担，帮助母亲抚养5个弟弟、1个妹妹。由于父亲过早去世，阿保机家支在迭剌部诸显贵家支中处于弱势地位，因此他在29岁之前，只是担任挞马狨沙里之职，不过是一个管理数人或部族首领侍卫队长之官。

阿保机从小就表现出别于普通孩子的特质，诸如爬行、说话、走路等都要早于同龄孩子。成年后更是身长九尺，力能开弓300斤，这样的英雄体魄使他在担任挞马狨沙里不久便锋芒毕露。先是兵不血刃降服屡屡抢掠契丹牛马的小黄室韦部，然后又率军征伐周边的越兀、乌古、六奚、比沙狨诸部均大获全胜。如此显赫的战功，使阿

辽太祖陵内石础

辽太祖阿保机塑像（现代雕塑）

保机不仅受到部族人的崇拜，称他为阿主沙里（阿主是"皇帝"或"主人"的意思，沙里即郎君），而且还受到三伯父释鲁的关注，将他作为迭剌部未来首领加以培养。时释鲁被拜为于越总知军国事，经常让阿保机参与军国政事，以培养他参政议政及决策能力。阿保机也不负所望，在参与军国事务时往往能够提出一些独到的、让大人们都刮目相看的见解。释鲁见到侄儿阿保机如此优秀，也不禁赞叹道"吾犹蛇，儿犹龙也。"但是，就在叔侄两人同心协力发展壮大迭剌部的时候，释鲁却不幸被杀害。

释鲁被害案件本应由迭剌部夷离堇来破案处理，但时任迭剌部夷离堇辖底怕自己也被杀害，吓得跑到渤海国躲了起来，从而使时任挞马狨沙里的阿保机有了露脸的机会，他不仅很快将三伯父于越释鲁被杀案件侦破，将凶手缉拿归案，而且还众望所归地被推选为迭剌部夷离堇（酋长），成为迭剌部的掌门人（901年）。

阿保机担任迭剌部夷离堇之后，很快便显示出他的军事天赋，率领迭剌部兵马接连攻破室韦、于厥、奚等部族，俘获颇丰，从而被遥辇氏

痕德堇可汗任命为契丹汗国兵马统帅，专门负责对外征伐（901年10月）。在此后的几年间，阿保机率领契丹八部兵马连续对燕云蓟及东北女真诸部用兵，均俘获以还。为了安置在对外征伐中俘获的人口，阿保机先后建筑了龙化州城，组建了奚迭剌部、品达鲁虢部、涅离部，加上他担任挞马狘沙里期间招降小黄室韦部后组建的突吕不室韦部和涅剌拏古部，至公元903年，他至少已经有了1座私城（龙化州）和5个私属部落，从而弥补了由于父亲过早去世而造成的家支经济基础薄弱之不足。不仅如此，如同当年三伯父释鲁一样，阿保机卓越的战功，"威逼"遥辇氏痕德堇可汗

拜其为于越总知军国事，至此，阿保机只用了3年时间便完成了政治经济双重资本积累。

阿保机被拜为于越总知军国事，标志着他的权势已经凌驾于遥辇氏痕德堇可汗之上，形成了挟天子以令诸侯的局面，取遥辇氏而代之已是水到渠成。但是，此时的阿保机在政治上也已经成熟起来，他并没有忙着去抢夺汗权，而是又在遥辇氏软肋上重重地击了一拳。

盘踞幽州的大军阀刘仁恭为了防止契丹人南下，在每年的秋季派人将山海关外的草场放火烧光，从而使契丹牲畜遭受巨大的损失，牛马羊等多被饿死。对此，遥辇氏痕德堇可汗不敢对刘仁恭强硬，而是靠向幽州送礼才勉强保住一些草场。这一行为立即成为其"软肋"，遭到契丹诸显贵的鄙视，认为其不能再担任契丹可汗，而阿保机也正是抓住遥辇氏这一软肋做足了文章。他在被拜于越总知军国事后，连续对幽州的刘仁恭用兵，此举不仅与遥辇氏的软弱无能形成鲜明的对比，而且还引起了中原两强李克用和朱温的注意，两人撇开遥辇氏痕德堇可汗先后与阿保机结盟。这一行动显然是把阿保机当成了契丹的实

辽代佛像

走进千年辽上京

儿皇帝与父皇帝

五代十国时期，石敬瑭借辽太宗耶律德光帮助，建立了后晋。为报答契丹出兵相助，石敬瑭不仅将燕云十六州割让给契丹，而且还向比他年纪小的契丹皇帝跪地称子，尊对方为"父皇帝"，自称"儿皇帝"。成为历史笑料的不只石敬瑭一人，于他几乎同时代的后汉政权，北附辽朝后，在辽皇面前自称"侄皇帝"。这些屈尊的行径被世人及后世耻笑，其实石敬瑭和北汉皇帝之所以如此行事，很重要的原因就是他们本身都是入主中原的北方游牧民族后裔，在一定程度上对中原礼教的接受，或者说对中原礼教的审视方式有自己独特的一面。

际领导人，从而进一步提高了他在族人的威望。

在阿保机卓越战功的压力下，在迭剌部强势威逼下，在中原诸强的参与下，遥辇氏最终选择了禅让之路，于公元906年末将汗权"被迫"让给阿保机，迭剌部的世里氏家族经过八代人170余年的努力奋斗，终于取遥辇氏而代之，攫取了契丹汗权。

公元907年正月，只有35岁的阿保机设坛登基正式出任契丹可汗，给自己上尊号为天皇帝，给妻子述律平上尊号为地皇后，契丹族历史也随之翻开了新的一页。

阿保机担任契丹可汗后把统一北疆、建设新型契丹国家作为目标，在接下来的几年间，数次对黑车子室韦用兵，迫使其西迁到阴山一带，远离契丹本土；接着对东北女真诸部用兵，并把目光投向辽东半岛，以寻机征服东面的渤海国；与此同时征服强邻奚族（910年），把契丹疆域推至长城沿线。但是，就在阿保机专心统一北疆的时候，他的几个弟弟（以下简称"诸弟"）联合迭剌部及其他部落显贵以可汗三年一代为理由，连续三年起来图谋汗权，阿保机不得不把目光收回到国内。

公元911年，诸弟第一次起来图谋汗位，阿保机利用契丹原始的萨满教打消了诸弟图谋汗位的想法；第二年（912年）诸弟以兵阻路，威逼阿保机交出汗权，阿保机又利用契丹原始的柴册礼，化解了权力危机；第三年（913年）诸弟联合诸部显贵以兵叛乱，强行夺取汗权，阿保机亲自率兵经过半年多的追剿将叛乱平息，又经过一年多的审案处理，最终将诸弟叛乱彻底平息，从而清除了迭剌部内部的守旧势力。但是，诸弟叛乱案件刚刚处理完毕，诸部夷离堇又以兵逼宫，要求阿保机履行可汗三年一代的祖制。面对诸部逼宫，阿保机没有强行动武，而是以退为进，交出了象征可汗权力的旗鼓，到炭山汉城自为一部。经过一段时间的养精蓄锐，计杀诸部酋长，以兵重新统一八部（915年），一举清除了诸部中的守旧势力，为建立新型契丹国家创造了条件。

辽代潭州酒务银铤

公元916年2月，阿保机仿效中原帝制在龙化州筑坛开国称帝，国号大契丹，年号神册，册封长子耶律倍为太子，契丹国家正式建立。

如同所有的开国皇帝一样，阿保机开国称帝后，一边建设新型国家，一边开疆拓土。在建设新型国家方面，阿保机不比中原任何一位开国皇帝差，而且还创造性地制定了"因俗而治，各得适宜"的"一国两制"国策。一是在政府机构设置上，保留契丹汗国原来固有的北、南宰相府等机构，管理契丹等游牧民族事务；依照中原体制设置汉儿司，利用汉族知识分子来管理汉族等农耕民族事务，从而使契丹国家出现蕃汉两面官双轨制。二是在政治体制上，保留契丹汗国原始的"捺钵"行国体制；建筑皇都（918年）作为契丹

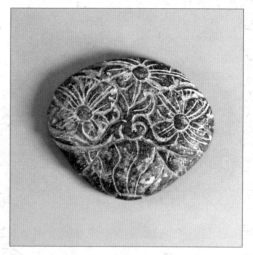

辽代荷花纹石雕饰件

国家的政治经济文化中心，从而使契丹国家具有"行国"和"城国"的双重体制。三是在语言文字的使用上，借鉴汉字创制契丹文字（920年），与汉语言文字同为国家官方语言文字，两种语言文字并行不悖；四是在法律适用上，制定《治契丹与诸夷之法》（921年）适用于契丹等游牧民族，汉人等农耕民族则适用于《唐律》、《唐令》等中原法律。五是在皇权世袭上，将迭剌部皇族析分为一帐、三父房、二院三个层次，从而保证皇权在阿保机子孙中传承等等。通过这些举措，契丹国家基本建立起融氏族制、奴隶制、封建制于一体的帝国体制，从而奠定了辽王朝200余年基业。

在开疆拓土方面，一方面利用中原混乱之机涉足中原，不断出兵燕云蓟地区；一方面对草原诸部族继续用兵，并最终征服草原诸部族（925年），使契丹疆域向西推至金山（今阿尔泰山脉），北到色楞格河流域（最北至贝加尔湖），南接长城沿线，基本奠定了契丹国家西、西北、北部疆域。

辽代褐釉牛腿瓶

第八章 人物

13

辽墓壁画"备宴图"

公元925年末，阿保机举全国之兵东征渤海国，只用半个多月的时间便将立世200多年的"海东盛国"灭亡（926年正月），从而完成了统一北疆大业。为了管理在政治经济文化诸方面都比契丹本土发达的渤海国地区，阿保机将渤海国改为东丹国，保留原渤海国固有的各种社会体制，作为契丹国家版图内的一个特别行政区域，册封长子耶律倍为人皇王主政东丹国事。

辽天显元年（926年）2月，阿保机为人皇王耶律倍举行完东丹国王登基仪式后，率大军西返皇都，不料突然病逝于扶余城外（今吉林省农安境内），享年55岁，一年后安葬于辽祖陵（今巴林左旗辽祖州西侧黎谷），庙号太祖。

子嗣情况：4子1女。长子耶律倍、次子耶律德光（辽太宗）、三子耶律李胡、庶生子耶律牙里果、女儿耶律质古。

辽太宗耶律德光（902年—947年）

讳德光，字德谨，小字尧骨，太祖次子，出生于902年，母应天皇后述律平。

德光在诸兄弟中性格沉稳务实，从小就被父母寄予厚望。据说辽太祖为了考察三个孩子的能力，曾经在一年冬季让三兄弟去拾柴，德光不管干的湿的很快就拾好一捆第一个回来，耶律倍专门捡拾干柴且捆扎整齐后第二个回来，李胡边玩边拾边丢最后一个回来且两手空空，辽太祖对三兄弟的评语是长子灵巧、次子能成事、三子不如两个哥哥。随着年龄的增长，德光在"武"方面逐渐显示出特长，经常跟随父亲出征，表现勇敢，战功卓著。

辽天赞元年（922年），辽太祖借整顿部落析分迭剌部之机，将诸部落酋长的兵权收归皇帝所有，任命德光为契丹国天下兵马大元帅（922年11月），统领全国兵马。德光如鱼得水，上任后立即率兵攻掠燕蓟地区，并于第二年（923年）正月攻取了平州，这是契丹国家在长城以南所攻取的第一个城

辽代铜符牌

池，自此平州归契丹所有一直到辽亡。辽天赞三年（924年）辽太祖率大军西征，德光作为西征先锋官率军先行，从克鲁伦河到回鹘城，从阿尔泰山到西域流沙的广袤草原沙漠上，都留下了他征战的足迹。在契丹大军西征的一年多时间里，德光不仅身先士卒，冲锋陷阵，战功卓著，威震乌古、敌烈、阻卜、突厥、回鹘、党项等诸部，而且成长为一名成熟的军事家，威名和声望也超过了时为太子的兄长耶律倍，甚至连中原人都知道，契丹国家有两个太子，一个皇太子耶律倍，一个元帅太子耶律德光。

辽天赞四年末（925年），德光率军随父皇母后东征渤海国，灭亡渤海国后，又率军平叛。但就在他率军在铁州平叛的时候，传来父皇病逝于回返途中的消息。

辽太祖病逝后，皇后述律平权摄国政，在安

耶律倍当年读书的大石棚，上为望海堂，位于今辽宁北镇医巫闾山里。

葬丈夫的同时也在安排着皇位继承事宜。为了让次子德光继承皇位，她先后诛杀了百余名拥立太子耶律倍当皇帝的大臣，并砍掉了自己的右手。德光在母后诛杀大臣、安排皇位继承的过程中，扮演了什么样的角色史籍只字未提。不过，作为当事人，德光肯定不会袖手旁观，只是与母后两

辽祖州城全址

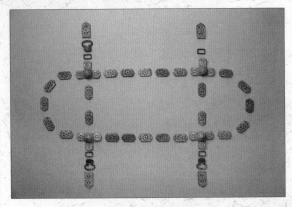

辽代鎏金银马带饰

人角色不同，一个"黑脸"一个"红脸"而已。总之，德光在母后的铁腕安排下继承皇位（927年11月），是为辽太宗，时年只有25岁。

在中国两千多年的皇权父子相传的封建帝制中，有一种显而易见的规律，那就是第二位皇帝处于承上启下、继往开来的位置，是王朝能否延续的关键，秦、隋两王朝便亡在第二位皇帝身上，从而成为短命王朝。德光虽然是在母后的铁腕安排下继承皇位的，但却是一位非常有作为的皇帝，辽王朝能够享祚200多年，在很大程度上要归功于他这个辽廷第二位皇帝。

德光即位后并不轻松，一方面要处理好与母后的关系；一方面要安抚好没有当成皇帝的太子耶律倍；一方面要安置好刚刚征服的渤海国民众。很显然，安置好刚刚征服的渤海国民众是他的第一要务。而在这方面，德光显然是从父皇那里学到了"一国两制"的真谛，将渤海国王族显贵迁到契丹腹地分地居之，存其帐族亚于遥辇氏汗族，将渤海民众迁到辽阳居住，如此举措不仅打消了渤海民众复国的梦想，而且还将政治经济文化都比契丹腹地发达的渤海国消化掉。同时，德光顺应母后不赞成契丹军队南下获利的思想，

在即位后的七八年间，从来也没有主动对燕云用过兵，而是利用从灭亡渤海国中获取的丰厚财富，扩建皇都城、修建祖州城、设置州县等，从而进一步促进了契丹国家的封建化。但德光并没有放弃契丹南下的想法，而是时刻在注视着中原局势，以寻机南下。

辽天显十一年（936年）中原的后唐政权（沙陀人李存勖建立）内乱，石敬瑭以称儿割让燕云十六州为条件结契丹为外援，以图中原龙椅。德光立即抓住机会，说服母后率军南下，只用4个月的时间，便将中原的后唐政权灭亡，将儿皇帝石敬瑭扶上中原龙椅，在将燕云十六州划入契丹版图的同时，还使中原的后晋政权成为契丹的附庸，这是契丹之前任何一个游牧政权都没有做到的。

德光将燕云十六州划入契丹版图后，如何来统治这一以汉人和农耕经济为主的地区，是契丹

辽代有盖铜净瓶

当局必须要解决的问题。在这方面，德光显示出了一名卓越政治家的超凡睿智。一是将国号契丹改为大辽，这一汉化国号在很大程度上打消了燕云民众对契丹的敌视；二是将年号天显改为会同，表明蕃汉相会、共同发展之心意；三是将皇都改为上京、南京（今辽阳）改为东京、燕云重镇幽州升为南京，任汉人为南京留守，以汉制管理燕云地区。就这样，德光把燕云十六州划入自己的版图。

燕云十六州划入契丹版图历史意义重大。第一，这是继北魏政权之后，游牧政权再次将游牧民族和农耕民族统一在一个政权下，不仅促进了各民族间的融合，而且也促进了中华民族的形成；第二，契丹国家统有长城南北，打破了中原农耕民族和北方游牧民族间的对峙和隔阂，经金、元、明、清等王朝的统治，最终形成了今天的中华民族。这是契丹民族，更是辽太宗耶律德光对中华民族的历史性贡献。

就现实意义而言，燕云十六州归属契丹，扩大了契丹国家汉文化元素比重，从而促进了契丹国家的封建化进程，直接奠定了辽王朝200余年基业。

辽会同五年（942年），儿皇帝石敬瑭病逝，后晋新皇帝石重贵对契丹只称孙不称臣，德光不禁大怒，在随后的4年间发动了3次大规模南伐后晋战争，并于辽会同九年（946年）将后晋政权灭亡。

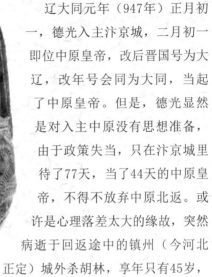

辽龙纹三彩执壶
（赤峰市博物馆藏）

辽大同元年（947年）正月初一，德光入主汴京城，二月初一即位中原皇帝，改后晋国号为大辽，改年号会同为大同，当起了中原皇帝。但是，德光显然是对入主中原没有思想准备，由于政策失当，只在汴京城里待了77天，当了44天的中原皇帝，不得不放弃中原北返。或许是心理落差太大的缘故，突然病逝于回返途中的镇州（今河北正定）城外杀胡林，享年只有45岁，5个月后葬于辽怀陵（今巴林右旗境内），庙号太宗。

子嗣情况：5子2女。嫡长子耶律璟（辽穆宗）、次子耶律罨撒葛；庶子耶律天德、耶律敌烈、耶律必摄；女儿耶律吕不古（萧

辽墓壁画

燕燕之母）、耶律嘲瑰。

辽世宗耶律阮（918年—951年） 讳阮，小字兀欲、隈欲，开国太子耶律倍长子、辽太祖嫡长孙，生于辽神册三年（918年），母萧氏（《辽史》中没有留下名字）。

耶律阮的青少年时代命运多舛，出生时父亲耶律倍已经被册立为皇太子，是契丹国家第二任皇帝法定继承人，他又是辽太祖的嫡长孙，如果不出意外的话，父亲在祖父阿保机之后继任契丹国家皇帝，那他就是理所当然的下任皇帝法定继承人，即大契丹国第三位皇帝。但是，所有的这一切都随着辽太祖突然病逝，述律平废长立次而改变。随着辽太宗即位皇帝（927年），只有9岁的耶律阮的命运也随之发生了变化，不仅远离了皇权，而且还随父亲从皇都迁到东丹国首都辽阳居住。三年后（930年）耶律倍受到二弟辽太宗的打压，浮海避居中原的后唐，只有12岁的耶律阮便失去了父爱。不过，由于耶律倍出走后唐，对辽太宗的皇位威胁减小，

辽白釉五瓣花口长颈瓶

辽太宗对侄儿耶律阮的关心也开始多了起来，耶律阮也在皇帝二叔的关怀下逐渐长大成人，并开始协助庶母人皇王妃萧氏处理东丹国政。

辽天显十一年（936年），辽太宗应石敬瑭之约率军南下灭亡后唐，耶律倍被走投无路的后唐皇帝李从珂杀害，对辽太宗的皇权威胁彻底消除。辽太宗对侄儿耶律阮也更加关心，视为己子，甚至在某种场合曾表示要把皇位传给侄儿耶律阮。辽太宗此番话语如果不是酒后失言，就是为了安抚因为自己抢了兄长的皇位而导致失去父亲的侄儿耶律阮而逢场作戏，因为辽会同二年（939年），辽太宗册封只有8岁的嫡长子耶律璟为寿安王、只有5岁的嫡次子罨撒葛为太平王，而已经21岁的侄儿耶律阮却没有得到册封，此举充分说明，辽太宗对侄儿耶律阮和嫡子还是区别对待的。不过，君无戏言，辽太宗毕竟说过要把皇位传给侄儿耶律阮的话，从而在辽廷诸大臣或酋长中造成了"假象"，也使耶律阮有了当皇帝的"借口"。

辽圣宗开泰九年（1020年）所建奉国寺（初名咸熙寺，金改今名）位于辽宁义县城内，俗称大佛寺。

耶律倍所建望海堂旧址，建于辽太宗初年，位于辽宁北镇医亚闾山里。

耶律倍被杀时，耶律阮已经18岁，按照契丹男子15岁为成年年龄来计算，早已长大成人，随着父亲被杀，他也成熟起来，对于皇帝二叔要把皇位传给自己的话，未必当成圣旨。因为他心里清楚，二叔是从父亲手中抢走皇权的，怎么可能再把皇权传给自己呢？要想得到皇权，还得靠自己去努力。不过，耶律阮是一个很有心计的人，心里很清楚，凭自己的实力根本不是皇帝二叔的对手，明着抢皇权只能是自取杀身之祸，因此，他暗中结交辽廷权贵，笼络心腹人员，暗暗地等待机会。

辽会同三年（940年）人皇王妃萧氏病故，耶律阮得以主政东丹国事，手中有了自己的军队，但他并没有起兵抢夺皇权，而是养精蓄锐，寻机待时。辽会同五年（942年）后晋皇帝石敬瑭病死，其侄儿石重贵即位后晋皇帝，对辽廷只称孙不称臣，从而惹火了辽太宗，在随后的几年间连

辽上京北塔出土白釉小碗及中草药

辽代白釉面盘

耶律倍所栽松树，今称太子松，位于辽宁北镇医巫闾山里。

续发兵南下教训石重贵。在这几年间，耶律阮率领自己的部队也参加了对后晋的战争，并借战争机会与辽廷显贵、诸部酋长有了直接接触，利用各种渠道和手段，广交朋友扩大影响力。

辽大同元年（947年）正月，通过4年的战争，辽太宗灭后晋政权，入主汴京坐上了中原龙椅，由于心里高兴，册封侄儿耶律阮为永康王，并把国母述律平的亲侄女萧撒葛只（萧阿古只之女）嫁给耶律阮为妃。

辽太宗突然病逝于中原，使辽廷的皇位继承出现了复杂化。就皇位继承而言，辽太祖的若干

辽祖州城（辽太宗朝初年建筑）西门遗址

辽祖州城内石屋，契丹早期建筑，一说是辽世宗囚禁祖母述律平所建，一说是辽太祖停尸之所，一说是契丹人祭祀祖先之所。

走进千年辽上京

与诸部酋长）不在一起，且双方身边都有新皇帝人选（即述律平身边有李胡和耶律璟，诸部酋长身边有耶律阮）的局面。

从中不难发现，只有述律平与诸部酋长到一起，才能运作新皇帝选举事宜，而问题恰恰就出在这里。述律平虽然钟爱三子李胡，但并没有公开或明确表示过要立三子为皇帝。但是，诸部酋长却不这么想，他们想得是如果让述律平提新皇帝候选人，她必然要让钟爱的三子李胡当皇帝，而李胡暴虐，动辄杀人，这样的人怎么能当皇帝呢？可如果回上京皇都拥立辽太宗之子耶律璟当皇帝，那么20年前述律平废长而立次诛杀大臣的一幕会不会重演？诸部酋长处于两难境地。这样一来，就给耶律阮提供了机会。

辽太宗一死，耶律阮遂以辽太祖嫡长孙身份成为皇族在中原契丹兵马中的代表人物，更主要的是他始终在暗暗地盯着皇位。见辽太宗一死，诸部酋长因畏惧国母述律平而人心惶惶，觉得人心可用，机会难得，便指使心腹说服诸部酋长推举自己为皇帝。

诸部酋长正处于两难境地，见耶律阮主动出

辽代唾盂

子孙都有继承皇位的资格，但最接近皇位的只有3人，即辽太祖之子李胡、辽太祖之孙耶律阮、辽太宗之子耶律璟；从皇权父子相传的角度上来讲，耶律璟应当继承皇位。

但是，"变"是事物的永恒规律，特别是像皇位继承这样涉及至高无上权力的事情，更是充满了变数。就当时辽廷皇帝选举形势而言，新皇帝要由国母述律平提出候选人，由诸部酋长选举产生。不过，当时国母述律平与李胡和耶律璟在上京皇都，诸部酋长领兵与耶律阮在中原镇州，从而造成了对新皇帝有决定权的两方（即述律平

来要当皇帝，眼前也是一亮，用辽太祖嫡长孙来对抗国母述律平是解决两难境地的上策，于是便推举耶律阮继承了皇位。就这样，耶律阮在中原镇州城内辽太宗灵柩前即位大辽国皇帝（947年4月），是为辽世宗，时年29岁。

但是，诸部酋长的心脏还都提在嗓子眼，他们心里都非常清楚，在没有征得国母述律平同意的情况下，便擅自拥立耶律阮当皇帝，这种忤逆行为弄不好就会掉脑袋。因此，举行完皇帝即位仪式后，便催着耶律阮北返回上京向述律平讨说法。耶律阮心里自然也清楚，他这个皇帝还需要祖母述律平同意才能坐到上京皇都城内的龙椅上，况且辽太宗嫡长子耶律璟就在上京，自己以侄儿身份即位皇帝，心里总是不踏实。不过，耶律阮很聪明，他并没有盲目率军北返，而是先派人将辽太宗的尸体运回上京，向祖母通报自己即位皇帝事宜，看一看祖母的反应再作决定。

述律平在上京皇都见到儿子辽太宗尸体的同时，也得到孙儿耶律阮在军中

即位皇帝的消息，不禁大怒，把辽太宗尸体权殡在一边，立即派三子李胡率军南下抢夺皇权。

耶律阮得到三叔李胡率军南下前来与自己抢夺皇权的消息后，也不禁恼怒，率诸部酋长北上，在南京北将三叔李胡击败。述律平见三子李胡败下阵来，便亲自率军与孙儿过招，结果在潢水南也被孙儿打败，两方隔潢水对峙起来。

时任辽廷大内惕隐的耶律屋质见母孙两人对峙起来对国家不利，便从中斡旋，最终促使母孙两人和解，述律平同意孙儿耶律阮为合法皇帝。但是，回到上京皇都后，述律平与三子李胡并不甘心，又暗中活动想推翻耶律阮皇位。耶律阮也并没有高枕无忧，而是暗中注视着祖母及三叔的一举一动，见母子两人仍不死心，便以兵将祖母、三叔及同党全部抓了起来，将祖母、三叔囚于祖州为辽太祖守陵，其他同犯或杀掉或流放或下狱，这才正式坐在龙椅上。

由于辽太宗是突然病逝于从汴京

辽黄釉凤首瓶
（赤峰博物馆存）

辽壁画"引马出行图"（敖汉旗出土）

辽穆宗朝修建的降圣州佛塔

巴林左旗出土耶律敌烈太保娘子汉文墓志

北返途中的，因此耶律阮回到上京后的第一件政务便是安置随契丹军队北返的后晋官员们。耶律阮自小在东京（今辽阳）长大，深受汉文化的影响而推崇封建帝制，因此，借安置后晋官员之机，仿效中原政权体制，在辽廷中央一级设置北、南两个枢密院，作为辽廷的最高行政机构。北枢密院管理北、南宰相府等契丹原来固有的机构，南枢密院由辽太祖朝的汉儿司、辽太宗朝的汉人枢密院发展而来，用以安置后晋官员及吸纳汉族知识分子入辽廷为官，参与契丹国家的管理。

设置北、南枢密院是耶律阮对辽廷政权机构的一次重大改革，也是耶律阮对契丹国家的巨大贡献。可以说，辽廷北南面官双轨制最终就是形成于耶律阮朝。终辽一世，辽廷政权机构又有过多次改革，但都是在北、南枢密院框架下进行的。

不过，耶律阮设置北、南枢密院必然要触及辽廷诸显贵们的利益，由于耶律阮在改革政权机构安置官员时，不仅大力提拔任用拥立他当上皇帝的有功人员，而且还大量起用汉族知识分子，从而使辽廷原来的显贵们的利益受到冲击；

同时，耶律阮在将祖母述律平及三叔李胡囚于祖州后，并没有罢手，而是继续对述律平家族给予打击，不仅没收了述律平的斡鲁朵，而且撇开述律平的亲侄女萧撒葛只而册封汉人甄氏为皇后，提拔自己的舅族为国舅别帐等，从而惹恼了拔里氏和乙室己氏二国舅帐及有关显贵。这些人组成反皇集团，开始图谋推翻耶律阮的皇位。这样一来，耶律阮从坐上龙椅的那天起，不得不把更多的精力用在平叛保皇权上。

辽天禄三年（949年），耶律阮经过两年多的时间终于将反皇集团主要势力清除，但并没有化解与二国舅帐之间的紧张关系，第二年（950年）他在二国舅帐的压力下，不得不废除汉人皇后甄氏，册封拔里氏国舅帐的萧散葛只为皇后，缓解了与二国舅帐的紧张关系，这才有时间考虑出兵中原的事宜。

此时中原局势也发生了变化，郭威代后汉建立后周，坐上中原龙椅，而盘踞太原的刘崇也称帝建立了北汉政权。刘崇为了图谋中原拾起儿皇帝石敬瑭的衣钵，以向契丹称侄称臣为条件结契丹为外援，耶律阮正在寻求重新获取中原，于是抓住这一天赐良机，想把刘崇变成石敬瑭第二，

辽显州（辽穆宗所建）城南门，位于今辽宁北镇城内（今称北镇鼓楼）。

辽壁画"射猎图"

立即派人到太原册封刘崇为大汉神武皇帝，双方约定一起出兵攻打中原的后周政权。

辽天禄五年（951年）9月，耶律阮率军来到归化州祥古山下（今河北宣化境内），准备集结大军南下伐周，不料被辽太祖五弟安端之子察割杀害，时年只有34岁，后葬于医巫闾山辽显陵，庙号世宗。

子嗣情况：3子3女。长子耶律吼阿不、次子耶律贤（辽景宗）、三子耶律只没（汉人甄氏所生）；长女耶律和古典、次女耶律观音、三女耶律撒剌。

辽穆宗耶律璟（931年—969年）　讳璟，小字述律，辽太宗嫡长子，生于辽天显六年（931年），母靖安皇后萧温。

耶律璟作为辽太宗嫡长子，青少年时期的生活并不十分幸福，4岁时母亲萧温因病去世，他便失去了母爱，8岁时虽然被册封为寿安王，成为诸皇子中的佼佼者，但随着年龄的增长，他生理上的缺陷——阳痿，导致性格上的缺陷便逐渐显现出来——冷僻、易怒、嗜酒、喜猎，对女人不感

辽降圣州城（辽穆宗朝建）残垣

兴趣。这样的性格伴随着他走到人生的第16个年头，生活的不幸再次降临到他的头上。

辽大同元年（947年），辽太宗突然病逝于中原镇州城外，时年只有16岁的耶律璟当时在上京皇都与祖母述律平和三叔李胡在一起。按照皇权的正常传承顺序，耶律璟是当然的皇位继承人。但由于祖母述律平想让三子李胡继承皇位，耶律阮想当皇帝，耶律璟这个想当然的皇位继承人被冷落在一旁，只能孤零零地为父亲守尸。当他还没有从丧父的悲痛中解脱出来的时候，祖母与耶律阮的皇位之争已见分晓，耶律阮坐上大辽国龙椅，耶律璟不仅失去了父亲，而且还远离皇权变

辽帖金彩绘七佛法舍利塔

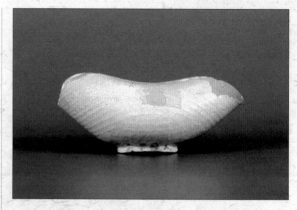

辽白釉卷蝶形水于盂

成了一个普通的皇室王子。

耶律璟嗜酒喜猎，对皇权并不怎么太感兴趣，而是把精力都用在了喝酒打猎上，生活也并不缺少乐趣。更主要的是，由于他整日里喝酒打猎，没有参与争夺皇权事件，不仅使他保住了性命，而且也打消了辽世宗对他的"警惕"，从而使他有机会"捡"个龙椅。

辽天禄五年（951年），辽世宗想把北汉皇帝刘崇变成石敬瑭第二，准备在归化州祥古山的火神淀聚齐诸部兵马后南下攻打中原的后周政权，不料被辽太祖五弟安端之子察割所杀。当时耶律璟也在现场，察割起兵叛乱前第一个找到他让其跟自己一起起兵谋事，共图富贵。耶律璟对皇权无所求，便一口回绝了察割的请求，为了不被牵涉进叛乱案件之中，骑马跑进南山里躲藏起来。

耶律屋质（即斡旋述律平与耶律阮祖孙两人和解之人）得到察割起兵叛乱的消息后，一边指挥自己的部队平叛，一边派人找到耶律璟组织平叛。耶律璟仍然推脱不干，在屋质的好说歹说下才答应领兵平叛，并一举诛杀察割等叛乱主谋，平定了叛乱。

这次叛乱给辽廷造成的损失是巨大的，皇

辽代铜执壶

辽三彩盆

帝、皇后、皇太后及有关大臣都在这次叛乱中丧生，最主要的是皇帝死了，皇位空了出来，新皇帝人选又成为众人瞩目的焦点。

就当时的皇位继承形势而言，辽太祖子孙虽然都有继承皇位的资格，但显然是三个皇帝，即辽太祖、辽太宗、辽世宗三人的嫡子最接近皇位。这样算下来，能够继承皇位的人就不多了，只有4人，即辽太祖三子李胡（时与母亲一起被囚在祖陵为父亲守陵）、辽太宗嫡长子耶律璟、次子耶律罨撒葛、辽世宗嫡子耶律贤（时只有4岁）。

事情再明朗不过了，只有耶律璟最适合新皇帝人选条件。没错，诸部酋长和大臣们也都是这么想的。于是，在耶律屋质的主持下，耶律璟继承了大辽国皇位，是为辽穆宗，时年20岁。

耶律璟是在契丹大军南征途中继承皇位的，因此即位后的第一项决策便是是继续南征还是停止南征，别看耶律璟只有20岁，却做出了一个适合形势的决策——停止南征。

形势主要是指中原的后周政权，郭威是五代时期比较有作为的皇帝之一，建立后周政权后，改革旧弊，励精图治，很快使中原社会稳定下来，人民生活恢复正常秩序，经济发展也步入正轨，在这种形势下，辽廷即便是与北汉联手图谋中原，也很难取得预期效果。

契丹内部形势主要是指厌战情绪。自辽太祖担任迭剌部夷离堇（901年）到辽世宗被杀（951年）整整半个世纪里，契丹几乎每年都在对外发动战争，在这些战争中，契丹虽然统一了北疆、建立了国家、获取了燕云十六州，但是，杀敌一万自损八千，契丹社会、特别是契丹人民在这些战争中也遭受了巨大的损失，更主要的是契丹国家的前三位皇帝（辽太祖、辽太宗、辽世宗）都死在了对外征伐途中，这对契丹人心理打击实在是太大了，他们从心里不愿意再发动战争了，休养生息已经成为契丹社会主流思想。耶律璟停止南征，正是适应了这种休养生息的呼声。

当然，耶律璟也并非停止南伐了事，为了防止中原的后周政权北伐收复燕云十六州，他采取了联北汉盟南唐之策，三方形成统一战线，一起对付中原的后周政权。这一策略的效果是显而易见的，正是由于南唐和北汉的存在，使中原的后周世宗柴荣和北宋太祖赵匡胤都制定了先南后北的统一策略，把收复燕云十六州放在了最后，从而为辽廷争取到了更多的休养生息之机，为随后而来的南北对抗积累了资本。

但是，不可否认的是，耶律璟停止南征与他嗜酒好猎的性格有直接的关系。耶律璟即位皇帝后，仍然嗜酒好猎，为了专心喝酒打猎，甚至把朝政委托给弟弟罨撒葛及有关大臣们。

耶律璟嗜酒睡觉有一个发展过程，即位之初还是白天喝，在皇宫里喝，后来便逐渐发展为夜间喝，到大臣家里喝，在猎场里喝，在马背上喝，组织大臣们集体喝，几天几夜连续喝；喝酒与睡觉是孪生兄弟，耶律璟睡觉也很有名，夜里喝酒白天睡，随时喝酒随时睡，睡醒了接着喝喝醉了再接着睡，连续喝几天连续睡几天亦是家常便饭，因此，耶律璟还有一个响亮的名字——睡王。当然，耶律璟也有醒的时候，醒的时候又在干什么呢？不用说——打猎。

由于耶律璟嗜酒喜猎不理朝政，从而使那些觊觎皇位之人的心便痒痒起来，不断起来图谋皇位。耶律璟即位一年多一点的时间里，便发生了5起图谋皇位事件，此后图谋皇位事件屡见不鲜，平叛也就成了耶律璟的第一要务。起来图谋皇位的人以辽太祖子孙为主，既有辽廷高官，也有二国舅帐人；既有契丹人，也有汉人，甚至被他委

辽代叶腊石装饰件

辽庆州城（初为辽穆宗所建号黑河州，辽圣宗重建号庆州）残墙，位于巴林右旗境内

以国政的弟弟罨撒葛也两次起来图谋皇位。而涉案人员则包括从中央到地方的各级政府及军队官员，这在辽王朝立国的200余年时间里是绝无仅有的。

耶律璟嗜酒好猎不理朝政，图谋皇位事件不断发生，还引起了中原政权及周边诸部族的注意。

周世宗柴荣是五代中最有作为的皇帝，即位伊始便把统一中原收复燕云十六州作为目标，他审时度势，制定了先南后北的统一方略，只用两年时间便迫使南唐割地称臣（958年），但他并没有继续用兵南方，而是掉转马头北上，准备提前收复燕云十六州。柴荣统一方略的改变，正是看到耶律璟嗜酒好猎不理朝政，收复燕云有可乘之机。辽应历九年（959年），柴荣挥兵北伐，只用了42天便收复了益津关（今河北霸县）、瓦桥关（今河北雄县）、淤口关（今河北霸县东）、宁州（今河北青县）、莫州（今河北任丘）、瀛州（今河北河间）等三关三州十七县地。正当他准备进军幽州时却突然病重，不得不放弃收复燕云返回汴京。

当时耶律璟正在山中射猎，得到柴荣攻取三

走进千年辽上京

关的消息后，轻松地说了句这些土地本来就是中原送给我们的，如今人家收回去有什么大惊小怪的，然后就又驰马山中接着打猎去了。后来在大臣们以死相劝下，才不情愿地到南京御敌，可刚到南京，柴荣就病重退兵了，耶律璟简单布置一下防务便就返回上京，接着喝酒打猎去了。

室韦、乌古诸部是契丹建国前就被征服的部族，也是被契丹征服最早的部族，自契丹建国以来的半个多世纪里，始终归附辽廷纳贡不断。辽应历十四年（964年），室韦、乌古诸部见耶律璟嗜酒好猎不理朝政，便趁机起兵反辽想摆脱辽廷的控制。辽廷不断调兵遣将，经过4年时间才将这次叛乱平息。

但是，耶律璟并没有从图谋皇位、丢失土地、部族起兵反辽事件中清醒过来，而是酗酒嗜猎如常，而且还又多了一个毛病——杀人。

耶律璟杀人与酗酒有关系，多数是在醉酒不清醒的情况下杀人的，杀人的手段也非常残忍，令人发指。他在位18年，记录在案的杀人次数就达30多次，有名有姓被杀的人就多达80多人。在《辽史·穆宗本纪》中出现频率最多的就是"酒"、"睡"、"猎"、"杀"四个字。

辽墓小帐（赤峰市出土）

辽三彩套盒

人君之过，莫过于杀无辜。耶律璟所杀之人多为仆人、奴隶，都是一些被他奴役的无辜之人，纵使皇位没有被推翻，也难逃一死。此所谓天作孽尤可恕，人作孽不可活。

辽应历十九年（969年）耶律璟被仆人杀死于黑山（今巴林右旗境内）行宫，时年38岁，祔葬于辽怀陵，庙号穆宗。

子嗣情况：无。

辽景宗耶律贤（948年—982年）　讳贤，字贤宁，小字明扆，辽世宗次子，生于辽天禄二年（948年），母怀节皇后萧撒葛只。

辽天禄五年（951年）辽世宗南征，在祥古山火神淀被察割杀害，只有4岁的耶律贤也在现场，被庖人藏于柴垛里才免遭劫难，但却一夜之间失去父皇、母后、祖母等众多亲人成为一名孤儿。

不过，耶律贤是一个幸运儿。由于辽穆宗无有子嗣，遂把他养在身边，视为己出，他并没有因为失去父母而影响政治前途，仍然是最接近皇位的人之一。

由于辽穆宗无有子嗣，其身后皇位继承便成为辽廷诸显贵们猜度的对象。就当时皇位继承形势而言，只有耶律贤和穆宗胞弟罨撒葛最接近皇位，因此，在辽廷中以这两人为核心形成了两个政治集团。

罨撒葛是太宗嫡子、穆宗胞弟，5岁便被册封为太平王，穆宗即位后又被委以朝政，各方面优势都要强于耶律贤，如果不出意外的话，继承皇位是板上钉钉的事情。但是，罨撒葛是一个急性子的人，虽然在代皇帝干工作了，却总想着早一点把"代"字去掉，结果两次图谋皇位都失败，穆宗念及手足之情，免其死罪，罚其到西北边境守边。

耶律贤在穆宗即位的头十年里，由于年龄小的缘故，对皇权并没有什么太强烈的欲望，但随着年龄的增长自然也把目光投向皇位，加上一些或被穆宗冷落或对穆宗嗜酒好猎不理朝政不满的人聚拢身边，自然也就蓄积了力量。耶律贤还是一个稳重之人，当时不仅一些觊觎皇位之人纷纷起来图谋皇位，而且一些对穆宗怠政不满的人也言语纷纷，并由此而获罪，耶律贤既没有伸手抢皇位，也没有对朝政议论纷纷，从而使他与穆宗保持着正常和谐的"父子"关系，为夺取皇位争取了机会。

辽应历十九年（969年）穆宗在黑山行宫被害，由于其生前没有指定皇位接班人，又是突然被杀，谁能夺取皇位，就看耶律贤和罨撒葛的行动了。这样一来，耶律贤便占得了先机。

就当时的形势

辽代白釉鸡冠壶

而言，耶律贤在上京皇都距离黑山100余公里，罨撒葛在西北边境距离黑山至少1000余公里。耶律贤在上京皇都接到穆宗被杀的信息后，立即率铁甲兵连夜赶赴黑山并在天亮前赶到目的地控制住了形势，而远在西北边境的罨撒葛还没有得到穆宗被杀的消息。

就双方在黑山的兵力而言，罨撒葛的实力要大于耶律贤，但就一件事情而言，当事人在现场和不在现场的结果显然是不一样的。由于罨撒葛不在现场，他的支持者们是不敢贸然对也有当皇帝资格的耶律贤动武的，因此，耶律贤很快便控制住了局势。不过，耶律贤虽然控制住了局势，但要想坐上龙椅还需要做一些工作。因为辽廷皇帝选举是有一定程序的，即必须得到诸部酋长和大臣们的推举，新皇帝才合法。而要实现这一目的，他必须要争取到一个人的同意，那就是辽太

辽代香囊

宗的女婿、乙室已国舅帐的代表人物、罨撒葛的岳父及其政治集团中的骨干人物萧思温。为此，耶律贤与萧思温做了一桩政治交易，那就是萧思温支持耶律贤当皇帝，耶律贤娶其小女儿萧燕燕为皇后。交易成功后，耶律贤在萧思温等大臣们的拥立下，在穆宗灵柩前大哭一场，即位辽廷皇帝，是为辽景宗，时年21岁。

耶律贤即位皇帝后，形势并不容乐观，因为他并不是名正言顺地当上皇帝的，而是以兵夺取的皇位，为了巩固皇权，还需要做大量的工作。一是处理罨撒葛政治集团，对该集团骨干成员该诛杀的诛杀，该下狱的下狱，一次性解决；二是安抚诸王，对辽太祖、辽太宗、辽世宗三位皇帝的子孙们给予封赏，一次性晋封了8位皇室王爷；三是以自己在藩邸时的政治集团为基础，组建新政府，提拔和重用对拥立自己当皇帝的有功人员。通过这些举措，基本上稳定住了当时混乱的局势。

组建新政府的过程，说白了就是权力再分配过程，在这个过程中，萧思温成为"政治暴发户"，小女儿萧燕燕被册封为皇后，自己也以北院枢密使兼北府宰相封魏王，一跃而成为皇帝一人之下，万人之上的超显贵人物。俗话说，人怕出名，猪怕壮。萧思温这个政治暴发户立即遭到耶律贤原政治集团骨干成员高勋和女里的妒忌，寻机将其杀死（970年），从而使耶律贤刚刚组建的新政府陷入危机。

由于父亲辽世宗当皇帝的时间太短，耶律贤并没有太多的可以依靠的政治势力；由于皇后萧燕燕没有娘家兄弟，耶律贤也没有太多的后族力量可依靠。因此，当所依靠的在藩邸时的政治集团发生内讧后，他不得不寻求其他的力量来维护皇权。

耶律贤无疑是中国历史上善于发现人才而又善于使用人才的皇帝之一，在萧思温被杀后，一方面充分发挥皇后萧燕燕的才能，让其从幕后走到前台，参与朝政，治理国家；一方面提拔和重用契丹新生代人才，把耶律贤适、耶律斜轸、耶律休哥等优秀人才提拔到辽廷要枢之位；一方面大力提拔和重用汉族知识分子，对韩匡嗣、室昉、郭袭等汉臣委以要职。通过这些举措，使一大批蕃汉优秀人才脱颖而出，不仅稳固了自己的皇权，而且为辽廷各级政府机构充实了新鲜血液，队伍精干务实，机构勤政高效，从而使辽王朝出现了中兴景象。

辽代摩羯纹錾花鎏金银盘

就在耶律贤锐意进取、励精图治的同时，中原政局再度发生变化。赵匡胤代周建宋（960年），把统一中原收复燕云十六州作为目标，但他在位17年并没有削平中原诸割据政权，也没有对燕云用过兵便撒手而去（976年）。赵光义在继承兄长皇位的同时，也继承了兄长的遗志，利用两年时间先削平了南方最后一个割据政权——南唐，然后又挥兵北上，削平了十国中最后一国——北汉（979年），距离统一中原的目标只差一步——收复燕云十六州。

辽乾亨元年（979年），宋太宗乘灭亡北汉之胜威，挥兵北上，想一鼓作气收复燕云十六州。耶律贤在宋军进攻北汉时，便已经预料到宋军有可能在灭亡北汉后出兵燕云，也做了相应的准备。但是，由于宋兵行动迅速，进展顺利，很快推进至幽州城下。耶律贤在宋军包围幽州城的第8天才得到信息，立即派耶律休哥率领北院兵马前往救援幽州。

耶律休哥与耶律斜轸合兵在高梁河与宋军发生激战，宋军大败而退，宋太宗得一毛驴车才得以逃还，辽廷取得保卫燕云战争的全面胜利。

燕云保卫战结束后，耶律贤为了报宋太宗攻打幽州之仇，在随后的几年间连续发动4次较大规模的南下伐宋战争。辽乾亨元年（979年）九月，即燕云保卫战刚刚结束两个月，耶律贤以韩匡嗣为辽兵最高统帅，指挥部队南伐，由于韩匡嗣不懂军事及轻敌，辽兵在满城（今河北满城）兵败，损失惨重；辽乾亨二年（980年）三月，耶律贤以耶律沙和耶律斜轸为统帅，率领辽兵从西

辽玛瑙臂鞲

路伐宋，结果在雁门关被宋名将杨业击败；同年十月，耶律贤亲自率军第三次伐宋，包围了瓦桥关，给宋军一定的杀伤，在得到宋太宗亲自北上御敌的信息后，鉴于辽兵进入宋境多日便率军北返；辽乾亨四年（982年）四月，耶律贤再次亲自率军伐宋，辽兵进至满城便遭到宋军阻击，伤亡很大，只好退回。

耶律贤虽然在父母遇害时保住了性命，但是由于过度惊吓得了一种疯疾，类似于现在的羊角风病，随着年龄的增长，病情也越来越严重，严重时连马都不能骑。而连续对宋用兵，终于使他的身体坚持不住了，从宋境回来不久便病逝（982年），时年34岁，葬于医巫闾山辽乾陵，庙号景宗。

子嗣情况：4子4女。长子耶律隆绪（辽圣宗）、次子耶律隆庆、三子耶律隆裕，庶生子耶律药师奴；长女耶律观音女、次女耶律长寿女、三女耶律延寿女，渤海妃生1女耶律淑哥。

辽圣宗耶律隆绪（971年—1031年）　讳隆绪，小字文殊奴，辽景宗嫡长子，出生于辽保宁三年（971年），母睿智皇后萧燕燕。

隆绪出生时，辽景宗与萧燕燕夫妻已经控制住辽廷政治局势，并逐渐使辽王朝出现中兴景象，隆绪生活于和平与发展的环境中，接受了很好的儒家教育。

辽乾亨四年（982年）辽景宗病逝，只有12岁

耶律宗政（辽景宗与萧燕燕之孙，即辽圣宗三弟耶律隆庆之长子，辽兴宗朝重臣）墓门及墓道，位于辽宁北镇辽乾陵侧

的隆绪在母后萧燕燕及韩德让、耶律斜轸等大臣们的辅佐下即位皇帝，是为辽圣宗，由于年龄太小，母后萧燕燕摄政，隆绪的皇帝生涯也由此分为两个阶段。

第一阶段是母后萧燕燕摄政阶段，时间是982年至1009年共计27年。

中国历史上有许多被摄政的皇帝，客观地说这些皇帝都是不好当的，有的甚至因为处理不好与摄政母后的关系而丢掉了性命。隆绪自然也要涉及与摄政母后的关系问题，其中肯定也少不了酸甜苦辣。不过，隆绪很好地掌握了自己这个皇帝与摄政母后之间的"度"，那就是以母后为

辽圣宗开泰九年（1020年）所建奉国寺

巴林左旗出土的辽墓六角棺椁

主，自己为辅，母子两人相辅相成，相得益彰。这27年是辽王朝由中兴发展到鼎盛时期，隆绪作为皇帝既参与期中更享受期间。

隆绪即位皇帝时还处于小学生的年龄，主要工作便是学习；随着年龄增长虽然得以参与朝政，但母后萧燕燕过于强大，他的主要任务还是学习。也就是说，学习是隆绪被摄政期间的主要任务。难能可贵的是他并没有厌倦这种学习，而是受益于其中。他精通诗词韵律，能作词谱曲，对儒、佛、道等也颇有研究；喜欢读唐《贞观政要》，尤其喜欢读唐太宗、唐明皇实录，据说他的名字隆绪之"隆"字，就是取唐明皇李隆基之"隆"字；他用契丹文字翻译白居易的《讽谏集》给群臣阅读，对中原王朝的明君也很佩服，曾感慨地说"五百年来中国之英主，远则唐太宗，次则后唐明宗，近则今宋太祖、太宗也！"如果不是对中国历史颇有研究，很难作出如此准确的评价。

随着年龄的增长，隆绪开始参与朝政，理智地以母后为主，自己退居次席。母后处理朝政时，他立于一旁虚心学习；母后发动伐宋战争时，他跟随母后率军南下，并亲自率领军队冲锋陷阵。

总之，隆绪在被摄政27年间，通过学习历史文化知识，积累了厚重的文化底蕴；通过向母后学习，积累了丰富的执政经验，从而为亲政打下了坚实的基础。

第二阶段是亲政阶段，时间是1009年至1031年计22年。

辽统和二十二年（1004年），辽宋经过多次接触谈判，终于签订了"澶渊之盟"，南北兄弟握手言和，从而结束了数十年的南北战争，辽廷

辽圣宗辽开泰九年所建七佛殿

每年还从宋廷那里获得30万岁贡，从而把辽王朝推向鼎盛，成为东北亚地区的强权。萧燕燕觉得还政给儿子的时机已经成熟，开始为儿子亲政做准备。辽统和二十六年（1008年）辽中京建成投入使用；第二年萧燕燕为儿子隆绪举行了柴册礼，正式归政给儿子，一个月后病逝。

隆绪亲政时已经39岁，虽然在龙椅上坐了27年，却是生活在母后的光环里面，抑或是从来也没有亲自处理过朝政，没有表现自己才能的机会，朝中大臣们对自己的态度在很大程度上是看母后的脸色。因此，亲政后想要做的第一件事便是树威，而高丽正好给了他这样的机会。

隆绪亲政不到半年，一直与辽廷保持附属关系的高丽发生内乱，隆绪立即抓住这一机会，不顾自己正在为母后守丧和有关大臣们的反对，亲自率军东征高丽。辽兵虽然攻破了高丽首都开京（今朝鲜开城），也抓获了内乱的肇事者康肇，但并没有抓住高丽国王王询，且高丽军民化整为零与辽兵周旋，使辽兵疲惫不堪，不得不撤兵。高丽国王本不愿与辽反目成仇，便在辽撤兵后，主动派人到辽廷请求纳贡如常，而隆绪没有在战场上使高丽国王屈服，心里总是不甘，于是就要

起大国威风，要求高丽国王亲自到辽上京觐见，高丽国王自然是没有这样的胆量。隆绪于是再次派兵攻打高丽，不料这一打就是10年。辽开泰九年（1020年），辽廷对高丽长达10年的战争使辽廷从大臣到民众都产生了厌战情绪，加之高丽不断请求纳贡如旧，隆绪才不得不停止对高丽战争。

辽廷在对高丽战争的同时，在西北部也在进

辽奉国寺（建于辽圣宗开泰九年）

行着一场战争，那就是平定阻卜诸部反辽。阻卜诸部是在辽太祖朝被征服的，与辽廷始终保持着朝贡关系，一直到穆宗朝因辽帝耶律璟怠政，加之室韦、乌古诸部反辽的影响，才停止对辽廷纳贡。不仅如此，阻卜诸部经过半个多世纪的发展，逐渐强大起来，并趁辽景宗病逝辽廷"母寡子弱"之机起兵反辽，萧燕燕立即派兵加以征讨，并在西北边陲建筑了镇州等边城震慑阻卜诸部。隆绪亲政后，采纳边将建议在阻卜诸部设置节度使并以契丹人充任，对阻卜诸部进行管理。但是，由于出任阻卜诸部节度使的契丹人政策失当，从而引起了阻卜诸部大规模的反辽浪潮（1012年），辽廷经过两年多的征伐，才将阻卜

走进千年辽上京

诸部反辽高潮基本平息，但在此后的几年间阻卜诸部反辽活动仍有发生，一直到辽太平七年（1027年）阻卜诸部反辽活动才被彻底平息。

隆绪亲政之初便在东西两线发动了战争，但这并没有影响辽王朝盛世景象，也没有影响隆绪盛世之主的形象。客观地说，隆绪盛世之主的名声，有一半要归功于母后萧燕燕，但隆绪也并非浪得虚名。且不说他在被摄政期间很好地处理了与母后的关系，母子两人相辅相成，相得益彰，从而把大辽王朝推向鼎盛，就是亲政后的执政理念及行政行为和效果也是可圈可点。一是完善科举制度，始行殿试，制定贡举法，使辽廷科举走

辽白釉执鸡冠壶（巴林左旗出土）

上轨道，由原来每年只录取1或2名进士增加到40或50人，从而使大量的优秀人才脱颖而出，充实到辽廷各级政府机关，提高了素质和效能；二是虚心纳谏，接受大臣们的有关建议，尽量减少四时打猎、酒后任官、打马球等活动和行为；三是注重法律公平，对不合理的法律条文加以修改，下令皇族人犯罪与普通人同等对待，例如公主赛哥（隆绪第十三女）擅自杀死一个无罪的婢女，隆绪立即将其降为县主，并以其丈夫治家无方削去爵位。隆绪还经常深入监狱查看审讯记录，防止冤假错案发生；四是经常深入基层体察民情、关心百姓疾苦、治理贪污腐败行为；五是威仪四方，与周边诸部族保持和谐关系，例如结束对高丽的战争后，隆绪立即派使臣到高丽对高丽国王加以抚慰，主动恢复了双边友好关系，就是对阻卜诸部反辽活动也尽量减少以兵征伐，而是施以

安抚之策，对其他周边部族更是和谐相处，从而使辽王朝威仪四方，隆绪执政期间辽王朝疆域要远远地大于宋朝的疆域，国内部族达到34部，属国、属部也达60之多，这些属国、属部不论远近，都向辽廷示好纳贡，一些部族还派人到辽学习礼仪、儒学等，辽王朝的影响力远播西域和漠北。

在辽与周边关系中，北宋无疑是最为重要的。隆绪亲政后非常注重与北宋的关系，认真遵守"澶渊之盟"，与宋保持着密切的通信、通使、互访、经贸等关系，有时双方因习俗礼节不同而发生误会或摩擦，隆绪也能够批评自己的人从而避免双方冲突的发生。宋真宗病逝（1022年）后，隆绪召集文武百官举哀痛哭、派大臣到宋廷吊唁、在南京悯忠寺设置宋真宗灵位、建道场100天为宋真宗饭三京僧人、让皇后给宋皇太后写信叙妯娌之情以联络感情等等，从而维护了南北的和平局面。

总之，隆绪执政期间，是辽王朝的鼎盛时

辽墓"小帐"（巴林右旗出土）

辽中京城（建成于辽圣宗统和二十六年，即1008年）墙残垣，位于赤峰宁城县大明镇。

期，也成就了他盛世之主的名声，《辽史》也给予了他很高的评价："其践阼四十九年，理冤滞，举才行，察贪残，抑奢僭，录死事之子孙，振诸部之贫乏，责迎合不忠之罪，却高丽女乐之归。辽之诸帝，在位长久，令名无穷，其唯圣宗乎！"

但是，盛世之主也并非完人，如同唐明皇李隆基既有开创开元盛世之辉煌，亦有安史之乱之败笔一样，隆绪作为辽王朝盛世之主也有败笔，那就是执政末期所发生的东京渤海人大延琳反辽事件和后宫权争。

辽东京（今辽宁省辽阳市）地区的渤海人是辽太宗朝初期从原渤海国地区（以今牡丹江为中心）迁到这里的（928年），享有若干特殊政策，辽太平年间（1021年—1031年）辽廷将实行于南京（今北京）地区的赋税制度推行于东京，加重了当地负担，从而引起渤海人的不满。辽太平九年（1029年），时任东京舍利军详稳的渤海人大延琳，利用渤海人的不满情绪起兵反辽，建国号自称皇帝，掀起渤海人归辽近100年来规模最大的一次反辽斗争。辽廷派兵遣将，经过一年多的征剿才最终将渤海人的这次反辽斗争镇压下去。

隆绪的第一位皇后萧氏在位15年（986—1001年），即没有留下子嗣，也没有留下名字，便被废掉，代替她的是乙室己氏国舅帐的萧菩萨哥，于辽统和十九年（1001年）被册封为齐天皇后。但是，齐天皇后连续生育两皇子都夭折，从而造成皇储之位久空。时为宫女的拔里氏国舅帐人萧耨斤乘机为隆绪生下皇子耶律宗真（辽兴宗），开始与齐天皇后争夺后宫之位。两人势如水火，争斗也从后宫走到前庭，逐渐发展成乙室己国舅帐和拔里氏国舅帐两帐之间的斗争。而隆绪对此

辽墓壁画

则采取了折中的态度，从而最终酿成了齐天皇后被杀的惨剧。

渤海人反辽斗争反映了辽王朝政策出了问题，数十年后女真人起兵反辽，并最终灭亡了辽王朝，也是由于辽廷政策失当所引起的；辽廷后宫权争伴随辽王朝始终，但在隆绪朝后期发展到白热化，并开启了皇后被杀之先例。辽兴宗朝有齐天皇后萧菩萨哥被杀、辽道宗朝有皇后萧观音被杀、辽天祚帝朝有文妃萧瑟瑟被杀。从表面上看，皇后被杀是辽廷政治斗争的结果，但实质反映的则是辽廷统治集团的内讧，这种内讧严重地削弱了辽廷的统治力，从而加速了辽王朝的灭亡。

宁城县出土辽圣宗统和初年彭城公墓志铭

这些问题出现在隆绪执政后期，说明辽王朝自辽圣宗后期便开始走下坡路，皇帝隆绪当然要负主要责任。

辽太平十一年（1031年）六月，即东京渤海人大延琳反辽斗争被平息半年后，隆绪病逝于大斧河行宫（今阿鲁科尔沁旗境内），享年61岁，葬于辽庆陵（今巴林右旗境内），庙号圣宗。

子嗣情况：6子14女。6子：耶律宗真（辽兴宗）、耶律重元、耶律别古特、耶律吴哥、耶律狗儿、耶律侯古；14女：耶律燕哥、耶律岩母斤、耶律槊古、耶律崔八、耶律陶哥、耶律钿匿、耶律九哥、耶律长寿、耶律八哥、耶律十哥、耶律擘失、耶律泰哥、耶律赛哥、耶律兴哥。

辽兴宗耶律宗真（1016年—1055年）　韦宗

辽代真容偶像木雕

辽墓壁画"打马球图"

真,字夷不堇,小字只骨,辽圣宗嫡长子,出生于辽开泰五年(1016年),母钦哀皇后萧耨斤。

宗真出生时辽圣宗已经有了4个儿子,但因都非二国舅帐女人所生,所以都被列为庶生之例,宗真因是拔里氏国舅帐萧耨斤所生,因此占据了嫡长子之位。但是,他的出生并没有给辽廷后宫带来多少欢乐,反而加剧了后宫权争的白热化。

辽圣宗齐天皇后生两皇子都夭折,思子心切,宗真一落地便被她抱去养为己子,而宫女萧耨斤自恃生下龙子宗真有功,开始争夺皇后之位,后宫权争于是开始升级,并波及宗真。

齐天皇后对宗真疼爱有加,两人的关系胜过

辽棺、棺床(赤峰博物馆存)

亲生母子,而萧耨斤看到这一切后,不仅对齐天皇后来气,而且看着儿子宗真对齐天皇后如此亲近心里也不痛快。就这样,宗真在两母斗争的夹缝中逐渐长大。随着年龄的增长,宗真知道了自己与两母之间的关系,为了逃避两母的争斗环境,他经常跑到皇宫外面去玩,不仅交了许多佛、道教界的朋友,而且经常出入寺院庙宇、酒店戏院,沾染了纨绔子弟习性,并形成了对父母不负责任、做事不认真、我行我素的性格。

不过,后宫权争及纨绔子弟习性并没有影响宗真的政治前途,他3岁被册为梁王占据储君之位,5岁被册为太子成为皇位法定接班人,辽太平十一年(1031年)六月辽圣宗病逝,遗嘱宗真继承皇位,宗真在文武百官们的拥立下在父皇灵柩前继承皇位,是为辽兴宗,时年15岁。但是,宗真虽然继承皇位,皇权却被母后萧耨斤夺了去。

辽圣宗朝末齐天皇后与萧耨斤的争斗已经到了白热化的程度,辽圣宗也已经察觉到这一点,在临终遗嘱时特意提到以齐天皇后为皇太后,以萧耨斤为皇太妃,并特意嘱咐宗真说,齐天皇后侍奉我40年,由于她没有儿子,所以才立你为太子,我死之后,你们母子千万不要杀她。但是,辽圣宗的遗嘱没等说完,萧耨斤就开始动手了。

她指使几兄弟率兵将皇帝行宫戒严，然后把齐天皇后关在单独的毡帐看管起来，再然后扣下辽圣宗遗旨不发，在拥立儿子宗真即位皇帝的同时自封为皇太后，接着大肆扑杀所谓的齐天皇后党人，并把齐天皇后迁到上京城里囚禁起来。

宗真见母后如此对待齐天皇后，便替养母说了几句情，请求母后放了齐天皇后。不料，这更增加了萧耨斤的反感心理，不仅强行摄政剥夺了儿子的皇权，而且派人将齐天皇后杀死。

面对母后疯狂的报复行动，只有15岁的宗真也只好顺其自然，没有与母后争夺皇权，而是又拾起纨绔子弟习性，吃喝玩乐起来。但是，萧耨斤的疯狂行动并没有停止，在捕杀所谓的齐天皇

巴林左旗出土辽永宁郡主契丹大字墓志

后党人、大肆提拔自己亲戚党羽的同时，派人对宗真加以监视。有一次，宗真赐给手下乐工一条银带，立即被萧耨斤得知，命人将接受银带的乐工狠狠地打了一顿，宗真一来气便把给母后通风报信的人杀死。这下更惹火了萧耨斤，命有司追查此案，有司按照萧耨斤的意思竟然把皇帝宗真叫到公堂上与犯罪嫌疑人对质，从而使宗真与母后之间的矛盾加剧，开始想办法夺回皇权。而萧耨斤见儿子宗真与自己对着干，竟然与几兄弟商量想废掉宗真让次子耶律重元当皇帝，重元时年只有十几岁，或许还不懂得皇权的重要性，便把这一天大的秘密告诉了皇帝哥哥宗真，宗真见母后要废掉自己，不再无动于衷，充分利用朝中大

辽兴宗朝修建的辽兴中府佛塔

辽代叶腊石石狮子

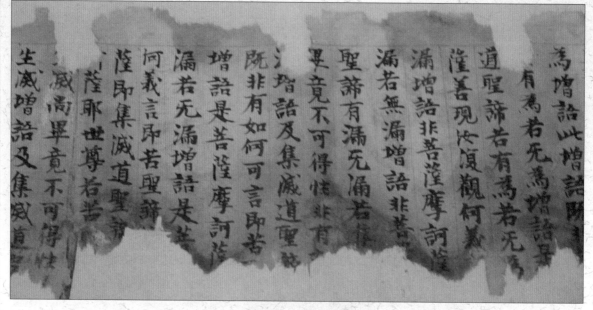

辽手抄纸质经卷

臣及舅舅们与母后之间的矛盾，将母后囚禁于庆陵，重新夺回了皇权（1034年）。

不过，宗真虽然夺回了皇权，但他并没有摆脱母后诸萧氏兄弟们摄政的局面，从而使他的一些治国思想和执政理念不能完全实现。即便是这样，宗真在执政期间还是做了一些可圈可点的事情，其中重熙立法和增币就很值得着墨。

萧耨斤摄政期间乱杀无辜，便国家法律遭到严重破坏，宗真夺回皇权后的第一件事，便是修正法律制度，命人对国家法律进行整理，参照古今及中原法律制度，统一国家法律，并于夺回皇权后的第三年，即

辽鸳鸯三彩壶（赤峰市博物馆藏）

辽重熙五年（1036年）出台了《新定条制》，将国家刑罚统一为死、流、徙、杖、笞5种，共547条，适用于国内所有民族。《新定条制》是契丹建国100多年来制定和颁布的第一部、也是终辽一世唯一一部"国家大法"，具有"宪法"的性质，是辽王朝的法典。虽然终辽一世始终存在着契丹人特权和法律不公平等问题，但《新定条制》的制定和颁布，还是在很大程度上追求了国民同法，力求做到法律面前人人平等，这是耶律宗真对辽王朝的一大突出贡献。

辽重熙七年（1038年），李元昊建立西夏国，中国历史出现辽、北宋、西夏三足鼎立局面。李元昊建国后为提高西夏在三足中的地位，开始对北宋

用兵，由于北宋君臣在对西夏政策上争论不休、举棋不定，因此在对西夏的战争中屡吃败仗。

西夏政权原来是辽王朝的附属，因此宗真对西夏建国采取了低调态度，即没有派使臣前往西夏表示祝贺，也没有公开表示反对，而是暗中注视着西夏建国后对辽的态度。西夏与北宋发生战争后，他更来了个坐山观虎斗，一方面想让北宋教训教训不知天高地厚的李元昊，一方面想等双方都筋疲力尽时取利其中。当北宋在与西夏的战争中屡吃败仗的时候，宗真觉得出手的机会到了，便想出兵北宋以夺回在辽穆宗朝失去的三关地，即所谓的益津关（今河北霸县）、瓦桥关（今河北雄县）、淤口关（今河北霸县东）等三关十县地。并就此事征求朝中大臣们的意见，最后决定先文后武，于辽重熙十一年（1042年）正月派使臣前往北宋要地。

辽代白釉盘

北宋时值宋仁宗赵祯执政，在辽使到达宋廷前便已经得到辽廷索要三关十县地的消息，心里有了准备，但由于北宋正在与西夏交兵，不宜再与辽开战，更主要的是北宋君臣心理存在着"恐辽症"，因此，经过充分商量决定花钱买平安，在不给三关地的前提下，可以向辽廷多增加一些岁币，并提出了两套方案，一是每年增加10万两，二是如果辽廷能够说服西夏停战，每年增加20万两。双方经过近一年的使臣往来，讨价还价，辽廷最终选择了每年增加20万两的方案。加上"澶渊之盟"时的30万岁贡，辽廷每年从宋廷得到50万的岁贡，其中银30万两，绢20万匹。因这一事件发生在辽重熙年间，因此也被称为"重熙增币"。

北宋每年的岁币对于辽廷来说不是一个小数目，对于辽廷显贵来说更是"外财"，但是外财易得不好花，正是这些岁币成为辽廷显贵腐败的催化剂。宗真在即位皇帝之前就沾染上了纨绔子

辽佛塔铁风铎

辽墓壁画

耶律宗政墓穹顶

弟的习性，当上皇帝后仍然没有收敛，得到宋廷的增币后，更是"旧病"复发，经常与佛、道界朋友在一起吃喝玩乐，甚至把社会上一些不三不四的朋友叫到皇宫里举行舞会，届时后宫妃子及有关大臣都要参加，一起下场嬉戏。有一次，宗真又举行了这样一个舞会，让妃子们与尼姑互换衣服下场嬉戏，其中有一个妃子的父亲也在场，觉得当着朝中大臣们的面让妃子穿上尼姑的衣服下场嬉戏不成体统，便劝说了几句，不料宗真上前就给岳父一个嘴巴骂道，我尚且如此，你女儿算个什么东西，纨绔子弟习性由此可见一斑。

辽代铜鎏金马鞍饰

宗真如此吃喝玩乐，心里并不轻松，因为他在接收宋廷增币的同时，也把李元昊这个烫手的山药捧在手里。李元昊敢于建国与辽、宋成鼎足之势，自然也是一个不好惹的主，立即又与辽廷较上劲。宗真自然不允许原来是自己附属

的西夏不听自己的话，于是亲自率兵征伐西夏，想教训教训不听话的李元昊，不料却被李元昊打得大败，自己也差一点就成了西夏的俘虏（1044年）。宗真经此一战，不敢再小看李元昊了，不仅没有了再发兵征伐李元昊的勇气，而且还把云州升为西京，加强了对西夏的防御。但是，宗真心里总是不得劲，时刻在想着报被李元昊打败之仇。

辽重熙十七年（1048年）李元昊在内讧中身亡，宗真终于等到了报仇的机会，把西夏出使辽廷的使臣扣下，积极准备发兵征伐西夏。第二年，宗真以弟弟重元和北院大王耶律仁先为先锋，自己坐镇中路，发三路大军征伐西夏，结果无功而返。在接下来的几年间，辽廷又有几次出兵西夏也都无果而还。而西夏方面在李元昊死后也进入权力调整和内讧期，无心与辽廷对抗，便不断派使臣到辽廷请求称臣纳贡依旧。而宗真又摆起了老大

的姿态，于辽重熙二十三年（1054年）才答应西夏的请求，双方这才正式修好。但是，第二年宗真便病逝（1055年），时年39岁，葬于辽庆陵，庙号兴宗。

子嗣情况：3子2女。长子耶律洪基（辽道宗）、次子耶律和鲁斡、三子耶律阿琏；长女耶律跋芹、次女耶律斡里太。

辽道宗耶律洪基（1032年—1101年）　讳洪基，字涅鄰，小字查剌，辽兴宗长子，出生于辽重熙元年（1032年），母仁懿皇后萧挞里。

洪基因是辽兴宗嫡长子之故，出生后便占据了储君之位。5岁册封为梁王，取得皇位继承人资格（1037年）；11岁晋封为燕国王，总领中丞司

辽黄色织锦香囊（翁牛特旗出土）

耶律宗真墓右耳室

耶律宗真墓左耳室

进行实际锻炼；12岁总知北、南院枢密使事，加尚书令、晋封燕赵国王，为接皇帝班做准备；21岁出任天下兵马大元帅，开始参与朝政，半个屁股坐到龙椅上。可谓是顺风顺水、一路坦途。但是，凡事有一利便有一弊，因洪基过早地被确立为皇位接班人，又过早地到基层进行锻炼，一些奸佞势利之人便看出了门道，围拢在他身边，久而久之便使洪基形成了喜欢听奉承话、顺耳话的性格，从而为其日后执政宠信奸佞埋下了伏笔。

辽重熙二十四年（1055年）辽兴宗病逝，洪基顺利在父皇灵柩前即位皇帝，是为辽道宗，时年23岁。不过，洪基虽然顺利继承皇位，但日子并不好过，因为父皇留给他的不仅仅是一个龙椅，还有一个权争的乱局面。

辽兴宗即位之初便被母后摄政，夺回皇权后又被萧氏诸兄弟们握政，为了改变这种局面，他有意识地提拔维护皇权的力量，以打压萧氏诸兄

辽道宗朝修建的辽中京大明塔

辽中京城遗址内半截塔

弟（拔里氏国舅帐），但到其病逝时不仅没有形成皇权可以放心依赖的力量，而且还使辽廷出现了二国舅帐、三父房二院皇族等各种政治势力势均力敌局面。洪基即位后，面对如此乱局，试图对各种政治势力重新洗牌，但由于他喜欢听阿谀奉承之语，不仅没有调整好，而且还把值得依赖的、性格刚直且又有治国才能的亲舅舅萧阿剌杀死（1061年），从而造成辽廷奸臣当道的局面。不仅如此，由于奸臣当道，从而给早就觊觎皇位的耶律重元父子可乘之机，最终发生了"重元之乱"。

重元是辽兴宗胞弟、洪基的二叔，当年正是他将母后要废掉皇帝的信息告诉了兄长辽兴宗，从而使辽兴宗先下手为强夺回了皇权。辽兴宗为了感谢弟弟的功劳，对其格外恩宠，不仅册封其为皇太弟、酒后承诺要将皇位传给他，而且在发现母后萧耨斤和弟弟

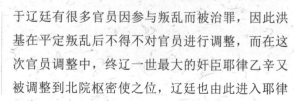

辽代南塔石雕佛像

有夺取皇位的图谋时，也没有采取断然措施加以解决，而是把这颗"定时炸弹"又留给了儿子洪基。

辽兴宗病逝时，萧耨斤也病入膏肓，重元靠母后夺取皇权的想法无法实现，也就没敢伸手抢夺皇权。洪基即位后，辽廷进入权力再分配期，重元则暗暗等待夺权的机会，萧阿剌被杀辽廷奸佞之人当道，重元借机将自己的亲信充斥辽廷，为夺取皇权做准备。

辽清宁九年（1063年），重元父子趁洪基到太子山行猎身边人少之机，起兵攻打皇帝行宫，想乘机杀死洪基夺取皇权，在耶律仁先等人的有效组织下，最终击败了重元等叛军的进攻，保住了洪基的皇权。但是，由于辽廷有很多官员因参与叛乱而被治罪，因此洪基在平定叛乱后不得不对官员进行调整，而在这次官员调整中，终辽一世最大的奸臣耶律乙辛又被调整到北院枢密使之位，辽廷也由此进入耶律

走进千年辽上京

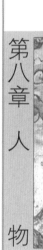

辽鎏金铜女面具（阿鲁科尔沁旗出土）

乙辛擅权时间段。

　　耶律乙辛本为奸佞之人，能说会道，办事圆滑，从而很得喜欢听阿谀奉承话的洪基的赏识，对其信任有加、格外恩宠。耶律乙辛则乘机擅权，排斥异己，将自己的亲信充斥到辽廷各级部门，当了洪基大半个家。不过，君臣两人一个喜欢听阿谀奉承之语，一个有这方面的特长，能够"配合"到一起，这期间洪基还是做了一些值得称道的事情，有一些政绩也是可圈可点的。例如出台了许多修订法律、平均赋税、鼓励农桑、禁止盗贼、发行新币等政策，这些政策涉及法律、农耕、畜牧、渔猎、商业等诸领域，在一定程度

上促进了契丹社会的发展；在外交方面也有值得称道的地方，那就是洪基借北宋与西夏长期战争之机，效仿当年父皇辽兴宗之事，向北宋索要河东之地。这次虽然没有得到北宋的增币，却从北宋那里获取了700余里土地。但是，所有的这一切都随着太子耶律浚参与朝政而发生了改变。

　　耶律浚是洪基的独生子，出生于辽清宁四年（1058年），从小聪明好学，知书达理，又是独子，深得洪基的喜爱，6岁时被封为梁王，立为皇帝接班人，8岁时册为太子，确立为皇位法定继承人。辽大康元年（1075年），洪基任命只有17岁

辽道宗朝修建的辽兴中府佛塔

辽保安军节度使邓中举墓志（辽道宗寿昌四年即1098年立）（宁城县出土）

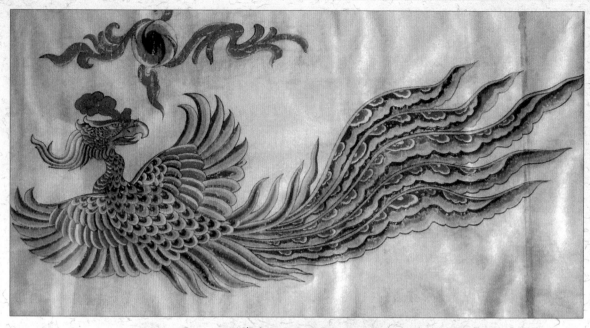

辽墓壁画"凤凰向日图"

的太子耶律浚总领北南两枢密院事,上朝处理朝政,接受实际锻炼为日后登基做准备。耶律浚虽然年纪轻轻,却表现出少壮派的魄力,处理起朝政来,有章有节,法度修明,朝政为之一新。这样一来,耶律乙辛的权力就受到了限制,为了排斥太子竟然把黑手伸向了皇后萧观音。

萧观音4岁时就嫁给洪基为妃、16岁时册封为皇后,不仅长得美貌,而且精于骑射,擅长词曲诗赋,尤其擅长琵琶,与同样喜欢词曲诗赋的洪基可谓是天生的一对、地造的一双。按理说,洪基应该珍惜这份爱情和好好维护幸福的家庭,但是,由于他听惯了耶律乙辛的阿谀奉承之语,先是冷落了妻子,后来竟然听信耶律乙辛的诬陷之言将妻子杀死,皇太后萧挞里得知皇后萧观音被杀的消

辽代铜佛

息后,也被活活气死。

耶律乙辛害死皇后萧观音后,紧接着又把黑手伸向太子,洪基对耶律乙辛还是恩宠有加,竟然又听信其谗言将太子贬为庶人囚禁起来,结果被耶律乙辛得手派人将太子、太子妃一并杀害。接下来,耶律乙辛又把黑手伸向洪基唯一的孙子耶律延禧,而洪基此时还没有看清耶律乙辛的奸佞之相,又听信其言想舍弃唯一的孙子耶律延禧而立皇侄耶律淳为太子。在朝中正直大臣们的强烈反对下,耶律乙辛的阴谋才没有得逞,但他并没有住手,而是又使出了谋害皇孙耶律延禧的毒招。这次耶律乙辛不仅没有得逞,而且在朝中正直大臣们的努力下,最终使洪基看清了耶律乙辛的嘴脸将他抛弃。

随着耶律乙辛倒台,皇后、太子冤

走进千年辽上京

辽代小瓷人

案也真相大白，但是，洪基并没有承认错误的勇气，更没有给皇后、太子冤案平反的魄力，只是处死了耶律乙辛及几个死党，其他党羽不仅没有受到惩处，而且仍然在辽廷为官，从而使辽廷仍然处于奸佞之人当道的局面。

不仅如此，洪基并没有从耶律乙辛事件中清醒过来，抑或是对杀妻灭子有所内疚，把主要精力又用在了笃信佛教上来。不仅允许佛道教界僧人道士进入皇宫大内讲经说法，而且还组织法会亲自讲经说法，并撰写文章阐述宗教理论。在皇帝的带动下，契丹社会崇佛信道之风日盛，甚至出现了"一日而祝发三千，一岁而饭僧三十六万"的壮举，从而把辽王朝崇佛信道之风推上鼎盛。

耶律乙辛擅权长达16年之久（1063年—1079年），一些忠直之臣或被杀或被下狱或被流放外地，造成了辽廷优秀人才匮乏的局面；洪基杀妻灭子、笃信佛道又走上了昏庸无道的一面，从而严重地削弱了辽廷的统治力，周边部族乘机崛起，有的起兵反辽，有的蓄积了反辽的力量。

辽西北部的阻卜诸部自辽圣宗朝起兵反辽被平息后（1027年），在此后的40多年里没有再发生反辽活动，与辽廷保持着和平友好关系，不仅如此，辽兴宗举兵征伐西夏时，阻卜诸部还主动出兵相助。但是，辽咸雍五年（1069年），也就是洪基执政的第15年，阻卜诸部趁辽廷朝纲不正之机再次起兵反辽，辽廷不断派兵遣将进行征剿，一直到辽寿昌六年（1100年）才将阻卜诸部反辽斗争平息。

这次阻卜诸部反辽斗争持续了30余年，虽然最终以失败而结束，但是，阻卜诸部反辽斗争在给辽廷沉重大打击的同时，对辽周边诸部族产生了巨大的影响，女真诸部、蒙古诸部乘机崛起，为辽王朝的灭亡埋下了伏笔。

女真诸部自辽太宗朝南廷到原渤海国地区后附庸于辽廷，得到了较快的发展。特别是"生女真"诸部中的完颜部在辽道宗耶律洪基朝时，乘辽廷奸佞当道、洪基笃信佛教、昏庸无道之机迅

辽道宗年间（大康三年）李文贞墓志（巴林左旗出土）

辽三彩盘

45

耶律弘本（辽史名为耶律和鲁斡，辽道宗二弟，北辽皇帝耶律淳之父）契丹大字墓志盖。

速崛起，兼并控制了"生女真"诸部中的大多数，初步形成了以完颜部为核心的军事联盟。完颜部的崛起并没有引起辽廷的重视，洪基为了笼络完颜部任命其首领为"生女真"诸部节度使，从而正式承认了完颜部首领为"生女真"诸部首领的地位，而完颜部则打着辽廷旗号对不归附自己的部落进行征伐，进一步壮大了完颜部的势力，并暗中积蓄力量寻机起兵反辽。

对完颜部的反辽活动，辽廷自然也有耳闻，

辽道宗咸雍七年（1071年）功德碑（宁城县出土）

但是并没有采取有效措施加以限制或解决，洪基只是每年诏完颜部等"生女真"诸部首领或到辽上京或到混同江（今吉林境内松花江）春捺钵地觐见述职，以观察其动静。对于辽廷这样不痛不痒的羁绊之举，完颜部自然不会放在心上，胆子也越发大了起来。

辽寿昌二年（1096年），生女真完颜部首领阿骨打到辽上京觐见辽帝洪基，在酒席宴会上，辽廷显贵与阿骨打玩双陆游戏输者喝酒，辽廷显贵屡玩屡输，最后输不起了就蛮横地让阿骨打喝

耶律弘本妃契丹大字墓志盖拓片（巴林右旗出土）

酒，阿骨打不禁大怒，起身抽刀就要杀死辽廷显贵，随从赶紧用手抓住阿骨打的刀鞘才使其没有拔出刀来，但是阿骨打并没有住手，而是用刀柄猛击辽廷显贵胸口，差一点就将其打死。在场的辽廷诸大臣们见阿骨打如此豪横放肆，便纷纷建议治其死罪。但洪基怕由此引发完颜部反辽，竟然对阿骨打没有做出任何处理。

阿骨打在辽廷怒击辽廷显贵，大长了生女真人的志气，也使生女真人看到了辽廷软弱的一面，增添了反辽的信心，加快了起兵反辽的行动。

辽廷对生女真的反辽活动自然也有所掌握，

因此，洪基在此后的几年间，每年都要到混同江巡视，以观察生女真部的反辽活动。辽寿昌七年（1101年）正月，洪基抱病到混同江观察生女真诸部情况，结果于当月病逝于混同江行宫，享年69岁，葬于辽庆陵，庙号道宗。

子嗣情况：1子3女。子耶律浚；长女耶律撒葛只、次女耶律纠里、三女耶律特里。

辽天祚帝耶律延禧（1075年—1129年）

讳延禧，字延宁，小字阿果，辽道宗独孙，出生于辽大康元年（1075年），父昭怀太子耶律浚，母太子妃萧氏（《辽史》中没有留下名字）。

延禧出生后便接受了生与死的洗礼。他刚刚出生7个月，祖母萧观音便被耶律乙辛杀害（1075年11月），4个月后太祖母萧挞里被活活气死（1076年3月），又1年零8个月父亲耶律浚、母亲萧氏均被耶律乙辛杀害（1077年11月），只有2岁的延禧便成为孤儿，也开始接受人生的考验。辽道宗诛妻灭子后，又把唯一的孙子延禧寄养在宫外，而耶律乙辛也把黑手伸向延禧，乘机提出立辽道宗侄儿耶律淳为储君以排斥延禧。辽道宗在朝中正直大臣们的强烈反对下，才没有听信耶律乙辛的建议，并把孙儿接回宫中。耶律乙辛见延禧被接回宫中，心里非常害怕，就又设计想谋害延禧，又是在朝中正直大臣们的坚持下，延禧才躲过一劫。耶律乙辛倒台后（1079年），延禧也并没有过上正常人的生活，耶律乙辛党羽又使用"厌魅"之法（一种巫术）想将其咒死，一直到辽大安二年（1086年）事发，延禧才算是真正地逃出了耶律乙辛集团的魔掌，摆脱了性命之忧。

辽代鎏金高翅银冠

逃出耶律乙辛集团魔掌后的延禧，立即受到皇爷爷辽道宗的特殊关照，16岁时便出任天下兵马大元帅、总领北南院枢密使事（1091年），开始参与朝政为接皇帝班做准备。但是，如同其祖父辽道宗一样，延禧身边也围拢了一些奸佞阿谀奉承之人，加之祖父的言传身教，逐渐养成了我行我素、喜欢听阿谀奉承之语、宠幸奸佞之人、酷爱打猎、笃信佛教等习性，从而为辽王朝灭亡埋下了伏笔。

辽寿昌七年（1101年）正月辽道宗病逝于混同江行宫，延禧以皇位唯一继承人身份即位皇帝，是为辽天祚帝，时年26岁。

延禧即位皇帝后的第一个圣旨便是给"皇后太子冤案"平反，应该说这是大快人心、收买人心之举，但是，由于他把这一工作交给了自己宠幸的奸佞之人耶律阿思负责，而耶律阿思借机收

第八章 人物

骨打率兵追捕，很快将萧海里叛众降服。但是，完颜部只是将萧海里的人头送给辽廷，将五百副铠甲、数百匹战马及人员全部留下，充实到完颜部军队中。

当时辽廷一些有识之士见完颜部只送回了萧海里人头，而把铠甲和马匹全部留下，知其必有异心，于是建议延禧追查此事。当时延禧正在混同江辽帝春捺钵地钓鱼的高兴劲上，不仅没有追问铠甲战马之事，而且册封了阿骨打等人的官职，然后接着钓鱼打猎。

由于辽廷对生女真部的冶铁和马匹饲养控制的非常严格，因此完颜部并没有多少铠甲和战马，得到萧海里的五百副铠甲和数百匹战马后，才算是有了真正意义上的铠甲和战马，从而壮大了军事实力，也加紧了起兵反辽的步伐。

对于完颜部的反辽活动，辽廷中的一些有识之士多次上书建议要及早加以防备，但延禧只顾打猎，对此置若罔闻，从而进一步纵容了完颜部的反辽活动。辽天庆二年（1112年）正月，延禧又如期来到混同江鸭子河春捺钵，按照惯例，千里之内的生女真诸部酋长都要到行在觐见述职，

辽代铜鎏金门形佛龛

受贿赂，徇情枉法，不仅放过了耶律乙辛的一些重要党羽，而且故意使平反工作扩大化，借机排斥异己，制造了一些新的冤案，从而造成社会混乱，平反工作也不了了之，甚至有些人还造起反来。

辽乾统二年（1102年），即延禧即位的第二年，有一个叫赵钟哥的人便聚众攻破上京城大抢大掠一番而去，紧接着大国舅萧海里也聚众为盗，砸开辽乾、显两州（今辽宁北镇）武器库抢走五百副铠甲公开与辽廷对抗。辽廷派官兵追剿，萧海里率众逃进生女真境内；辽廷又命完颜部捉拿萧海里等叛众归案。完颜部首领盈哥命阿

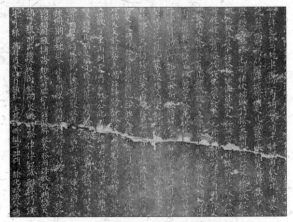

辽韩敌烈（韩知古六代孙，逝于1101年）契丹小字墓志拓片（巴林左旗韩匡嗣家族墓出土）

阿骨打代替有病的完颜部首领乌雅束（阿骨打之兄长）来到鸭子河觐见辽帝延禧。在头鱼宴上，延禧命令生女真诸部酋长跳舞祝酒兴，阿骨打态度强硬，拒不跳舞，反辽心理暴露无遗。酒席散后，看出阿骨打反辽心理的延禧，让北院枢密使萧奉先在边境上找一个理由把阿骨打杀掉以除后患。但是，萧奉先是一个奸佞之人，怕由此得罪完颜部，引起争端，便推辞说生女真人没有什么可怕的，不用杀掉阿骨打。延禧对萧奉先言听计从，于是就放掉阿骨打，对生女真人也没有做什么防备，就又专心打猎去了。

　　阿骨打回到完颜部后，觉得自己的反辽心理已经暴露，便积极准备起兵反辽。辽天庆三年（1113年）十二月乌雅束病逝，阿骨打即任完颜部首领，于第二年（1114年）九月在涞流河（今黑龙江省拉林河）畔召开誓师大会，宣布起兵反辽，并一鼓作气攻取了辽东北重镇宁江州（今吉林省扶余县）。

　　当时延禧正在庆州（今巴林右旗境内）打猎，得到女真人起兵反辽的信息后，并没有放在心上，而是派靠近宁江州的一部渤海兵前去增援，便又驰马山里接着打猎。猎来猎去，觉得还不过瘾，便又准备前往显州继续打猎，正在这时

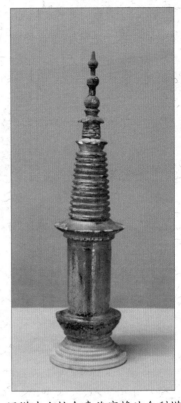

辽塔出土帖金素旋密檐法舍利塔

传来了宁江州失陷的消息，这才打消了去显州行猎的计划，召开群臣会议商量应对之策。

　　当时有大臣提出趁女真人马没有形成气候之时，派大军前往镇压以彻底解决女真人起兵反辽问题。但是，又是萧奉先站出来反对，认为这样是高看女真人，提出只派一部人马前去镇压即可。延禧又是听信萧奉先建议，派萧奉先之弟萧嗣先率领七千人马前往宁江州迎击女真人马，结果在鸭子河被阿骨打打败，几乎全军覆灭。

　　辽天庆五年（1115年）正月，阿骨打建国称帝，国号大金，定都上京（今黑龙江阿城市境内），延禧这才感到形势严峻，召开臣僚会议商量应对之策，可商量来商量去也没有商量出什么好的计策，于是决定与金议和，但阿骨打却不想

辽白釉刻花绿彩洗（现存赤峰市博物馆）

第八章　人物

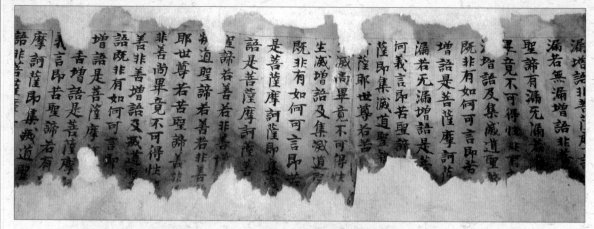

辽塔出土手抄纸质经卷

与辽议和，并率兵攻取了黄龙府（今吉林省农安市）。

黄龙府是辽廷在东北的重镇，也是女真人通向辽腹地东大门，延禧一听黄龙府失陷这才着了急，组织了10万人马，号称30万，亲自率领东征阿骨打，结果在鸭子河被阿骨打打败，延禧一天一夜跑了五百里，才逃得性命。但是，当他刚在长春州（今吉林省前郭塔虎城）停下脚步时，就又传来了耶律章奴想废掉他另立耶律淳为皇帝的信息，于是又把精力放在平息内乱上。阿骨打则乘辽廷内乱之机攻取了辽东京，将辽东地区纳入自己的地盘。

延禧见女真人马攻取了辽东京地区，派耶律淳组织"怨军"东征几次也没有成功，于是又主动与金议和，而阿骨打觉得灭亡辽王朝的时机还不成熟，便一边与辽廷议和，一边蓄积力量，一边与北宋商议联合灭辽事宜。延禧见阿骨打答应议和，便又把心放进了肚子里，又跑到山里打猎去了。

辽天庆十年（1120年），阿骨打与北宋达成联合灭辽初步方案，觉得灭亡辽王朝的时机已经成熟，便亲自率军攻取了辽上京。当时延禧正在山里打猎，得到金兵攻陷上京的消息后，并没有组织人马阻挡女真人的进攻，而是吓得跑到南京地区接着行猎。此时萧奉先更是不思如何退敌，而是为自己的外甥秦王耶律定（延禧之子）当皇帝做打算，诬告文妃萧瑟瑟企图架空延禧让自己的儿子耶律敖鲁斡（延禧之子）当皇帝，延禧则听信萧奉先之言将文妃萧瑟瑟及有关人员处死。而就在延禧杀妻的时候，阿骨打又攻取辽中京，进逼辽南京。延禧得到中京失守的消息后，吓得也不敢在南京打猎了，又跑向西京。而在逃跑的途中他又听信萧奉先之言，杀死了自己的亲生儿

辽代玉雕饰件

辽塔浮雕

子耶律敖鲁斡（文妃萧瑟瑟之子）。但是，跑到西京（今山西大同市）后，觉得还不安全，就又接着往西跑，最后无路可走只好逃进了夹山（今内蒙古武川县北大山），在夹山里躲了3年，最终还是被金兵俘虏（1125年2月），立世219年的辽王朝也就此灭亡在他手里。

延禧被金兵俘虏后，被降为海滨王，迁到金腹地长白山地区又活了4年，于公元1129年病逝，时年54岁，公元1145年迁葬于辽乾陵侧。

子嗣情况：6子6女。6子：耶律敖鲁斡、耶律雅里、耶律挞鲁、耶律习泥烈、耶律定、耶律宁；6女：长女不知名字、耶律骨欲、耶律余里衍、耶律斡里衍、耶律大奥野、耶律次奥野。

三、辽王朝十八后妃

历史是一个舞台，是男人和女人的舞台，有皇帝自然就少不了后妃，辽王朝9帝生活在辽上京这片土地上，后妃

辽高身鸡冠壶
（巴林左旗出土）

们自然也要生活在这里。不过，《辽史》、《契丹国志》为9位皇帝作了纪，只给后妃立了小传，且遗漏严重，例如辽圣宗第一位皇后不仅没有立传，而且连名字都没有留下，其他辽帝后妃肯定也存在着遗漏现象，本文只对《辽史》、《契丹国志》所立传的17位后妃及《辽史·本纪》中有载的辽圣宗第一位皇后加以简介。

辽太祖皇后述律平　姓述律，讳平，小字月里朵，出生于878年。其先为回鹘人，在回鹘汗国破灭时留在契丹，并逐渐融入契丹，与迭刺部的耶律氏保持着通婚关系。述律平的父亲述律月椀娶辽太祖姑姑耶律氏为妻生述律平，因此述律平与辽太祖是表兄妹。关于述律平嫁给辽太祖的时间不详，根据两人的年龄及其长子耶律倍出生于898年且身上有一姐姐来推算，当在890年即述律平12岁、辽太祖18岁左右。

述律平是女中豪杰，智勇双全，嫁给辽太祖后立即成为其得力佐臂；她组建了一支私人部队，取名为属珊军，有时随丈夫出征冲锋陷阵，巾帼不让须眉，有时留守大本营，威震敌胆。有一次辽太祖远征，黄头臭泊两室韦想乘机偷袭迭刺部大本营，述律平得到信息后严阵以待，将两室韦部击败，从此威震诸部。辽太祖知妻子贤能，在政事、军事等诸方面多征求妻子的意见，而述律平对辽太祖多有匡扶，在辽太祖攫取汗权过程中发挥了重要的作用。辽太祖担任契丹可汗后，诸弟几次叛乱夺权，述律平帮助丈夫最终将叛乱平息。诸部酋长逼辽太祖交出象征可汗权力的旗鼓后，又是述律平建

辽代摩羯纹金花银碗

议辽太祖计杀诸部酋长以兵复统八部，进而开国称帝。

辽太祖开国称帝后，述律平被册封为应天大明地皇后，成为辽王朝的开国皇后，其家族由此跻身于辽廷显贵之例。辽太祖为了表彰妻子家族的贡献，特意将述律平家族从本部族中独立出来，升为二国舅帐，与耶律氏皇族结为政治婚姻。其中，述律平的同父同母兄弟家支列为拔里氏国舅帐，同母异父兄弟家支列为乙室己氏国舅帐，终辽一世辽廷皇后都出自这二国舅帐，即述律平家族。

辽太祖病逝后，述律平鉴于国家刚刚建立，国内民族众多、民族矛盾复杂等形势，权摄国政，决定废掉崇尚汉文化的太子耶律倍，改立次子耶律德光为皇帝。为了达到这一政治目的，她在营造太祖陵的一年时间里，杀掉了100余名反对者，并砍掉了自己的右手，最终把次子耶律德光扶上了龙椅。实践证明，述律平的选择是对的，她为契丹国家选择了一位有作为的皇帝。但是，由于她废长而立次，打破了皇权嫡长子世袭制，不仅导致了辽廷数十年间的皇室内乱，而且也为自己的悲剧人生埋下了伏笔。

述律平把次子耶律德光扶上龙椅后，不再摄

政，但仍然在控制着朝政，辅佐辽太宗治理国家。936年中原后唐政权发生内乱，石敬瑭以称儿纳贡割让燕云十六州为条件结契丹为外援，以图中原皇位。述律平反对契丹南下趟中原的浑水，但辽太宗执意出兵援助石敬瑭以获取燕云十六州，虽然达到了目的，但辽太宗最终还是因石晋政权而死于中原。

辽大同元年（947年）辽太宗病逝于从中原回军途中，辽世宗捷足先登在军中即位，述律平不禁大怒，先派三子李胡率军南下与孙子争夺皇权失败后，自己又亲自率军南下与孙子对阵，结果也被孙子打败，最后在耶律屋质的斡旋下，只好承认了辽世宗的合法皇位。但是，她并不甘心，回到上京皇都后又图谋推翻孙子的帝位，结果也再次失败被囚禁于祖州为丈夫守陵，7年后病逝（953年），终年75岁，祔葬于祖陵，辽重熙二十一年追谥为淳钦皇后。

辽太宗皇后萧温　小字温，父亲为述律平之弟萧室鲁，母亲为辽太祖与述律平之女耶律质古，出生年月不详，辽太宗担任契丹国天下兵马大元帅（922年）时纳为妃（辽太宗是萧温的亲舅舅，两人结合是契丹典型的姑舅婚），即位后册

辽团龙乐舞纹铜镜（敖汉旗出土）

辽人爱食野味

契丹生产羊,但是不养猪。在契丹人的食谱中,牛羊肉所占比例最高,渔猎所得,也在契丹人的食物中不可或缺。根据宋朝出使契丹的文人记载,辽朝的国宴菜单为:先上骆驼肉糜,用勺子舀着吃;接下来是胸肪、羊、猪、野鸡、兔的白煮肉,然后上牛、羊、鹿、雁等腊肉,这些肉类切得方方正正,杂放于大盘中。可见,在契丹人的宴会中,野味所占比例不容小觑。

为皇后(927年)。萧温聪明贤惠,深得辽太宗的宠幸,经常跟随丈夫行军打猎,辽天显六年(931年)生辽穆宗耶律璟,辽天显九年(934年)跟随辽太宗南下征伐后唐皇帝李从珂,行至武州(今河北宣化)生产皇子耶律罨撒葛时不幸得了产后风,于第二年(935年)正月病逝,葬于辽奉陵(即后来的辽怀陵),辽重熙二十一年追谥为靖安皇后。

辽太宗皇后萧氏　出生年月不详,辽太宗第二位皇后,《辽史》无传,《契丹国志》有传,但并没有名字。根据上述两史籍及《资治通鉴》的记载来看,萧氏是述律平同母兄长、辽王朝开国宰相萧敌鲁之女(述律平侄女),皇后萧温病逝后,被纳入宫册为皇后。萧氏聪慧美貌,贤惠而不干政,甚得辽太宗宠幸,时弟弟萧翰(辽世宗朝叛乱被杀)残忍乱杀,萧氏多有劝诫。辽太宗率兵南下灭晋(946年),萧氏与国母述律平留守上京,后逝于辽世宗朝,与辽太宗合葬于怀陵。《辽史》不为萧氏立传原因不详,有可能与其弟萧翰在辽世宗朝谋乱被诛有关系。

辽世宗皇后甄氏　家族及出生年月不详,原为后唐宫人,辽太宗朝被时在藩邸率军南下讨伐

后唐的辽世宗俘虏,藏于帐中,生下一子耶律只没;辽天禄元年(947年)辽世宗即位,甄氏被册为皇后,成为辽王朝唯一一位非契丹族皇后;辽天禄四年(950年)辽世宗在拔里氏国舅帐的压力下,册封萧撒葛只为皇后,甄氏被降为妃,在皇后之位约4年时间。甄氏容貌美丽,为人大方,颇有政见,不仅把后宫治理的井井有条,而且对辽世宗执政多有匡正,曾多次劝谏辽世宗不要南下抢掠中原,以免遭祸。可惜的是辽世宗没有听甄氏的劝诫,最终在南下途中被察割杀害,甄氏与皇后萧撒葛只也都罹难其中,葬于医巫闾山。

辽世宗皇后萧撒葛只　小字撒葛只,拔里氏国舅帐少父房人,述律平胞弟萧阿古只之女,出生年月不详,辽大同元年(947年)嫁给时为永康王的辽世宗为妃,第二年(948年)生辽景宗耶律贤。根据辽廷政治婚姻制度,辽世宗即位后应册封萧撒葛只为皇后,但辽世宗打败祖母述律平坐稳龙椅后,为了继续打压国舅少父房势力,却册封汉人甄氏为皇后,从而遭到拔里氏国舅帐的强烈反对。两年后即辽天禄四年(950年),辽世宗在拔里氏国舅帐的压力下,不得不将甄氏降为妃,册封萧撒葛只为皇后。第二年(951年),萧

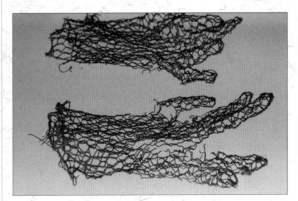

辽铜丝手套(宁城县出土)

撒葛只随辽世宗率兵南下结援北汉，行至祥古山火神淀，察割起兵叛乱，辽世宗被杀害，时萧撒葛只刚刚生下公主，不顾自己正在褥期，前往叛军当面指责察割叛乱，并要求收殓丈夫辽世宗尸体，结果被叛军杀害，与甄氏同葬于医巫闾山，辽重熙二十一年追谥为怀节皇后。

辽穆宗皇后萧氏　家族及出生卒年不详，辽穆宗在藩邸时纳为妃，即位后册为皇后，其事迹不载于《辽史》、《契丹国志》等史籍，甚至连名字都没有留下，无有子嗣。

辽景宗皇后萧绰　讳绰，小字燕燕，出生于辽应历三年（953年），父萧思温（后文有传），母耶律吕不古（辽太宗长女）；辽保宁元年（969年）被刚刚即位的辽景宗耶律贤纳入宫中册为皇后，时年只有16岁；一年后父亲萧思温被杀，萧燕燕从后宫走到前台，开始帮助丈夫辽景宗治理国家，夫妻两人实施人才战略，使一大批优秀人才脱颖而出；提拔和重用汉族知识分子来治理国家，把辽王朝推上中兴轨道；辽统和元年（982年）辽景宗病逝，萧燕燕依靠韩德让、耶律斜轸等大臣稳定住局势，在把只有12岁的儿子辽圣宗扶上皇位的同时，自己也成功摄政；在摄政期间，萧燕燕对内改革创新、励精图治，把辽王朝推上发展快车道；对外征阻卜、女真，盟西夏、高丽，与北宋签订"澶渊之盟"，结束南北数十年的战争，开创了南北100余年的和平局面；辽统和二十七年（1009年）十一月，萧燕燕归政给辽圣宗一个月后病逝，终年56岁，祔葬于辽乾陵，

辽石雕卧佛像

辽代酱釉印花盏

辽重熙二十一年追谥为睿智皇后。

萧燕燕是我国历史上著名的政治家、军事家，她帮助丈夫辽景宗治理国家13年，辅佐儿子辽圣宗执政27年，在辽王朝政坛上整整活跃了40年，把辽王朝从辽穆宗朝的颓政拉到中兴轨道，进而推上鼎盛，由此奠定了辽王朝在东北亚的强主地位；

辽圣宗皇后萧氏　出生年月及家族不详，辽圣宗第一位皇后，《辽史》、《契丹国志》均无传。根据《辽史·本纪》记载，萧氏于辽统和四年（986年）即辽圣宗即位的第四年被册为皇后（辽圣宗时年15岁），辽统和十九年（1001年）因罪被降为贵妃，在皇后之位计15年，事迹及子女情况不详。

辽圣宗皇后萧菩萨哥　小字菩萨哥，出生于辽乾亨四年（982年），萧燕燕之弟萧隗因（《辽史》载萧燕燕没有兄弟，萧隗因或为萧燕燕父萧思温之义子）之女，母为韩匡嗣三女儿韩氏；辽统和十二年（994年）年仅12岁被辽圣宗纳入宫中，辽统和十九年（1001年）皇后萧氏因罪降为贵妃，菩萨哥被册为齐天皇后；菩萨哥美貌而聪明，擅长诗词曲赋，尤其擅长弹奏琵琶，对建

筑设计也颇有研究，深得亦喜欢词曲歌赋的辽圣宗的宠幸；萧燕燕病逝后，菩萨哥添补婆母的位置，成为丈夫辽圣宗的佐手，帮助其处理朝政；但由于她所生两皇子都夭折，皇后之位受到生下龙子的宫女萧耨斤的挑战，两人围绕着皇后之位展开了争斗；辽太平十一年（1031年）辽圣宗病逝，玉田韩氏家族势力开始削弱，菩萨哥被萧耨斤所杀，时年只有50岁；辽大康七年（1081年）由辽道宗迁葬于辽庆陵，辽重熙二十一年追谥为仁德皇后。

辽圣宗元妃萧耨斤　小字耨斤，出生年月不详，述律平弟萧阿古只五世孙，长得面黑眼狠，长大后进入宫中为时为皇太后的萧燕燕宫中的侍女。萧耨斤是一个很心计的女人，她见齐天皇后萧菩萨哥生育两皇子都夭折，储君之位久空，便通过某种途径接近皇帝辽圣宗，生下皇子辽兴宗，被册封为顺圣元妃，并以此为资本，开始与齐天皇后争夺皇后之位；她先是诬告齐天皇后与宫中乐师私通，想以此将齐天皇后拉下马，

辽代人首鱼龙形白瓷水注

辽圣宗元妃萧耨斤所建辽庆州白塔

见辽圣宗不信，便采取务实手段，把自家兄弟们安排到辽廷要枢之位，为最终夺取皇后之位积累资本；辽太平十一年（1031年）辽圣宗病逝，她依靠诸兄弟们的力量控制了辽廷政局，在自立为法天皇太后强行摄政的同时，将齐天皇后杀死；辽重熙三年（1034年）她又与诸兄弟商量想废掉不听话的长子辽兴宗改立次子耶律重元为皇帝，结果事败被儿子辽兴宗因禁于辽庆陵为丈夫辽圣宗守陵；辽重熙八年（1035年）萧耨斤被迎回，虽然不再想摄政却也仍然干预朝政，并仍然梦想着把次子耶律重元扶上皇位；辽重熙二十四年

（1055年）辽兴宗病逝，萧耨斤也病入膏肓，无力实现拥立次子为皇帝的愿望，两年后（1057年）病逝，祔葬于辽庆陵，追谥为钦哀皇后。

辽兴宗皇后萧挞里　小字挞里，出生年月不详，萧孝穆（萧耨斤之兄长）之女，辽景福元年（1031年）被辽兴宗纳入宫中为妃，第二年（1032年）生下皇子耶律洪基（辽道宗），三年后（1035年）册立为皇后；萧挞里性格宽厚，为人大度，还是一位马上英雄；辽清宁九年（1063年）耶律重元父子起兵叛乱，萧挞里亲自指挥将士平叛；辽大康元年（1075年）耶律乙辛为整倒太子，鼓动辽道宗杀害皇后萧观音，第二年（1076年）萧挞里被活活气死，祔葬于辽庆陵，追谥为仁懿皇后。

辽兴宗贵妃萧三嬨　小字三嬨，萧燕燕长女之孙女，乙室氏国舅帐人，出生年月不详，由于辽圣宗执政时萧燕燕所在的乙室氏国舅帐掌权，萧三嬨于辽太平八年（1028年）被时为太子的辽兴宗纳为妃，即位后册为皇后（1031年）；但是，随着辽圣宗病逝、齐天皇后被杀，乙室已国舅帐在与拔里氏国舅帐权争中处于弱势，萧三嬨也于辽重熙四年（1035年）被降为贵妃，成为辽廷政治斗争的牺牲品，后不知所终。

辽道宗皇后萧观音　小字观音，萧耨斤弟萧孝惠之女，出生于辽重熙八年（1039年），4岁被时在藩邸的辽道宗耶律洪基纳为妃，16岁时被册为皇后（1055年）；萧观音不仅长得美丽动人，精于骑射，而且能够作词赋诗谱曲，尤其擅长弹奏琵琶，是辽王朝著名女诗人，与同样擅长词曲的辽道宗可谓是天生一对、珠联璧合，夫妻两人也经常在一起射猎，吟诗作对，夫词妻曲，妻唱夫吟，但是，这一切都随着耶律乙辛擅权而

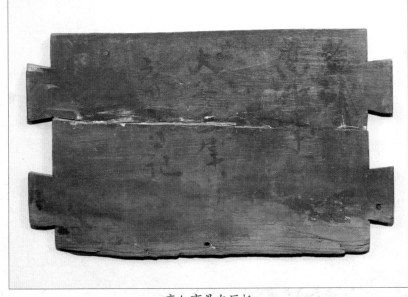

高知事骨灰匣板

人皇后萧观音后，为了排斥皇孙耶律延禧，向辽道宗举荐自己儿媳妇的姐姐萧坦思为皇后，以期生下皇子立为太子；辽道宗听信耶律乙辛之言将萧坦思纳为皇后，不料萧坦思入宫几年也没有生育；随着耶律乙辛倒台，皇孙耶律延禧封梁王被确立为皇位接班人，萧坦思的使命也完成，被降为惠妃（1082年），迁居乾陵；辽大安二年（1086年）萧坦思的母亲用"厌魅"之法诅咒皇孙耶律延禧事发，萧坦思受到牵连被贬为庶人，囚禁于宜州（今辽宁义县）；辽天庆六年（1116年）

结束。辽大康元年（1075年），太子耶律浚（萧观音所生）开始处理朝政，限制了耶律乙辛的权力，耶律乙辛为了扳倒太子竟然把黑手伸向了皇后萧观音；为了整倒皇后萧观音，耶律乙辛经常在辽道宗面前说皇后萧观音的不是，昏庸无道的辽道宗对耶律乙辛言听计从，竟然对情投意合的妻子冷落起来；萧观音对丈夫的感情非常深，受不了这样的冷落，便作了一首《回心院》词来抒发一个妻子盼望丈夫回心转意的心情；不料，这首词竟被耶律乙辛所利用，鼓动辽道宗动了杀心，竟赐皇后萧观音自尽；萧观音在临死前要求再见丈夫一面以诉冤屈，也被辽道宗回绝；萧观音含泪作了一首《绝命词》后自缢身亡（1075年），时年只有36岁，辽乾统元年（1101年）迁葬于辽永福陵（即辽庆陵），追谥为宣懿皇后。

辽道宗惠妃萧坦思 小字坦思，出生年月不详，拔里氏国舅帐人，萧耨斤之兄长萧孝穆四世孙，辽大康元年（1075年）耶律乙辛杀害诗

辽驯狮瓷俑（敖汉旗出土）

辽天祚帝将时为庶人的萧坦思诏回京城，册封为太皇太妃，两年后逃到黑山顶身亡，葬于太子山。

辽天祚帝皇后萧夺里懒

小字夺里懒，出生年月不详，萧燕燕义弟萧继先之五世孙，乙室已国舅帐人，辽大安三年（1087年）被时在藩邸的辽天祚帝纳入宫中，第二年册为妃；辽天祚帝即位后，由于政局混乱、妃子众多，萧夺里懒又没有生下皇子，因此并没有被册立为皇后，两、三年后才被正式册为皇后（1104年左右）；萧夺里懒性格比较贤惠，能够很好地管理后宫，但他的三个弟弟萧奉先、萧保先、萧嗣先靠着她的关系得以在辽廷为显官，特别是萧奉先位居北院枢密使之职，是辽末最大的奸臣，对辽王朝灭亡有不可推卸的责任，因此史书上有"萧奉先误国之说"；萧夺里懒后来病逝于跟随辽天祚帝西逃途中（另根据《契丹国志》记载，萧夺里懒在跟随辽天祚帝西逃途中被金兵俘虏，被金大将粘罕即完颜宗翰纳为侧室，后被金将完颜希尹所杀）。

辽天祚帝德妃萧师姑

小字师姑，乙室氏国舅帐人，出生年月不详，辽寿昌二年（1096年）被时在藩邸的辽天祚帝纳入宫中册为燕国妃，第二年生下皇子耶律挞鲁；由于耶律挞鲁在诸皇子中比较有威望，因此辽天祚帝即位后虽然没有册立皇后，却册封耶律挞鲁为燕国王（1103年），确立为皇位接班人；按照惯例，萧师姑应该母以子贵被册为皇后；但是，在萧奉先的作祟下，萧

师姑不仅没有被册为皇后，而且还改封为德妃，第二年皇子耶律挞鲁便突然身亡，萧师姑也因思子心切随之病死。

辽天祚帝文妃萧瑟瑟

小字瑟瑟，拔里氏国舅帐人（《契丹国志》为渤海大氏人），出生年月不详，辽天祚帝即位后有一天到大臣家里串门，偶见萧瑟瑟爱其美貌带进宫中，辽乾统三年（1103年）册为文妃，并生下皇子耶律敖鲁斡；萧瑟瑟是女中才子，辽王朝著名女诗人，同时还是一位民族责任感非常强的人；女真人起兵后，她见丈夫天祚帝整日打猎不理朝政，便对其加以劝谏，不料天祚帝根本不听，打猎如常；萧瑟瑟于是又以诗词来抒发忧国忧民之心情，诗词在对萧奉先奸佞误国进行抨击的同时，还尖锐地指出辽王朝将要亡在萧奉先手里，从而引起萧奉先的嫉恨；

辽代铜规矩镜

辽九脊履尸小帐（巴林右旗辽墓出土）

梦中吃日月

耶律乙辛在《辽史·奸臣传》中名列首位。耶律乙辛出身穷苦，据说他母亲怀孕时，做梦与一只野羊搏斗，折断了这只羊的角和尾巴。算卦人对她说，这个梦是大吉之兆，因为"羊"字去了头和尾就是"王"字，说他腹中的婴孩将来能当王。耶律乙辛年少时，又一次在草地上放羊，卷困无聊之际，悠然进入梦乡。他父亲将他叫醒时，乙辛生气的对嚷道："为何把我唤醒？我正梦见一个神人把太阳和月亮给我吃，我吃完了月亮，没吃完太阳呢。你把我叫醒了"。的确，耶律乙辛后来发动了政变，弑杀了皇后和皇太子。当然，这个故事在很大程度上是在他身后别人根据他的经历杜撰的。

萧瑟瑟所生皇子耶律敖鲁斡是诸皇子中的优秀者，被国人寄予厚望，希望他在辽天祚帝之后能够继承皇位来拯救国家，从而成为同为皇子的耶律定（萧奉先的外甥）的竞争对手；萧奉先为排挤耶律敖鲁斡，遂把黑手伸向萧瑟瑟；辽天庆十年（1120年）金兵攻陷上京城，萧瑟瑟跟随辽天祚帝一起逃向西京（今山西大同市），在途中受萧奉先陷害被天祚帝赐死（1121年）。

辽天祚帝元妃萧贵哥　小字贵哥，乙室已国舅帐人，萧奉先之妹，出生年月不详，17岁时被时在藩邸的辽祚帝纳入宫中册为元妃，生皇子耶律定；萧贵哥性格宽厚仁慈，有一次下人趁她休息时偷走了她的一件比较贵重衣服，她当时已经发现，但当时和事后都没有说出此事；她还是一个比较正直之人，对兄长萧奉先的误国行为曾加以批评，但没有什么效果，后来病逝于随天祚帝西逃途中。

四、辽王朝北、南枢密院枢密使

辽王朝实行北南两面朝官双轨制，北枢密院（简称北院）是北面朝官的最高官衙，北院枢密使是北面朝官中最高行政长官；南枢密院（简称南院）是南面朝官的最高官衙，南院枢密使是南面朝官中最高行政长官，北南两枢密院是辽王朝中央政府第一层次领导机构，北南两院枢密使是辽廷百官之长。《辽史》为北院枢密使立传25人：耶律安抟、萧护思、萧思温、耶律贤适、韩德让、耶律斜轸、耶律室鲁、耶律化哥、耶律世良、萧合卓、萧朴、萧孝先、萧孝穆、萧孝忠、萧孝惠、耶律重元、萧革、萧阿剌、耶律仁先、萧图古辞、耶律乙辛、耶律颇德、耶律阿思、耶律斡特剌、萧奉先；为南院枢密使立传25人：韩知古、高勋、室昉、韩匡嗣、郭袭、韩德让、邢抱朴、张俭、韩制心、王继忠、萧朴、萧孝穆、萧孝友、萧革、萧阿剌、萧孝惠、耶律仁先、姚景行、杨皙、萧惟信、耶律仲禧、耶律斡特剌、

辽代铸铁舞人坠饰

辽代莲花形手执银香炉

萧兀纳、马人望、耶律乙辛。辽上京皇城内专门设置有北、南两院衙署，因此两院枢密使都曾在这里工作过，本文特辑录《辽史》立传的两院枢密使简介如下（其中两职交叉任职9人不重述）。

韩知古 玉田（今天津蓟县）人，并没有担任过辽廷北、南两院枢密使之职，但他在辽太祖朝曾担任总知汉儿司事之职，而汉儿司是南枢密院的前身，因此特把他列为南院枢密使加以简介。韩知古生年不详，六岁时被述律平的兄长俘虏入契丹，后来又作为述律平的陪嫁奴隶来到阿保机家里（890年左右）。韩知古很有才干，善于谋划，颇有抱负，曾因得不到阿保机的重用而离开其家甘为佣人自食其力，后来又回到阿保机家中，在述律平推荐下被阿保机所用，逐渐成为阿保机的重要佐臣，在阿保机攫取汗权、开国称帝过程中发挥了重要作用，被阿保机封为佐命功臣。韩知古在辽太祖朝历任左仆射（909年已经在任）、彰武军节度使等职。辽天赞四年（924年）末，韩知古随阿保机东征，参加了灭亡渤海国的战争，因功升任中书令（相当于宰相），辽天显年间卒（925年至937年）。韩知古是《辽史》所

载最早进入契丹社会的汉人之一，对于阿保机及契丹上层贵族的汉化思想有较大的影响，对契丹建国初期的礼仪、典章、法律制度建设等发挥了重要的作用。韩知古娶契丹女人为妻，在契丹生育11个儿子，全部在辽廷出仕为官，成为终辽一世辽王朝第一汉族世家大族，被称为"玉田韩氏"。

耶律安抟 孟父房皇族人，父迭里曾任大内惕隐、南院大王（时称南院夷离堇）。辽太祖病逝时，迭里任南院大王，因为反对述律平废太子立次子为皇帝而被诛杀，当时安抟还在年幼，深为可怜。安抟长大后因为父亲无罪被杀，没有按大王之礼仪安葬而从不饮酒，并与同病相怜的辽世宗结为密友，两人无话不谈。辽大同元年（947年），辽太宗病逝于中原镇州城外，辽世宗想当皇帝，第一个就找到安抟商量对策。安抟坚决支持辽世宗夺取皇位，并说服北南两院大王支持辽世宗，从而使辽世宗捷足先登夺取了皇位。辽世宗打败祖母述律平和三叔李胡坐稳龙椅后，论功行赏，以安抟为北院枢密使总理百官，安抟也由此成为辽王朝第一任北院枢密使。但是，安抟并

辽双狮纹铜镜

非总理百官之材，性格太过于宽厚，对辽世宗的帮助并不是很大，特别是在察割叛乱时，作为百官之长的安抟没有及时组织平叛，对辽世宗被叛军所杀负有不可推卸的责任。辽穆宗即位后，安抟因拥立辽世宗为帝及对其被害负有责任而被弃用；辽应历三年（953年）有人告发安抟与人谋反被逮捕入狱，最终死于狱中。

高勋　字鼎臣，在后晋朝出仕为合门使，辽会同九年（946年）辽太宗南下伐后晋，高勋作为后晋大将杜重威的信使到辽营中与辽太宗商量投降事宜，得到辽太宗赏识留在身边归辽。高勋随辽太宗自汴京一起北返，因辽太宗病逝而滞留于镇州（今河北正定），辽世宗即位北上打败祖母述律平和三叔李胡后，命滞留于镇州的后晋官员北上参加辽太宗的葬礼，冯道等后晋官员借机南逃归附了刘知远的后汉政权，而高勋则北上到了辽上京。辽世宗设置北南两枢密院，高勋出任首任南院枢密使，成为辽廷南面朝官中的最高首长和汉臣在辽廷为官人中的佼佼者。辽世宗在南下途中被杀，高勋并没有受到影响，在辽穆宗朝历任南院枢密使、晋封赵王、上京留守（高勋亦是出任此职的汉臣第一人）、南京留守、复任南院枢密使，并与契丹上层社会显贵交往密切，结下裙带关系，由此成为契丹化的汉人而跻身于辽廷显贵之列。由于辽穆宗无子嗣，辽廷形成了以辽景宗耶律贤和太平王罨撒葛为中心的两个政治集团，高勋是耶律贤集团中的骨干成员，在耶律贤夺取皇权过程中发挥了重要作用。辽景宗即位皇帝后，高勋以功晋封秦王，仍为南院枢密使。但是，高勋自恃功高，嫉妒并杀害了北院枢密使兼北府宰相、萧燕燕的父亲、辽景宗的岳父萧思温，由此被辽景宗所抛弃，于辽保宁十年（978年）被诛。

萧护思　字延宁，迭剌部人，家族情况不详，辽穆宗即位时萧护思由御史中丞迁任御史大夫，因对辽世宗被杀案件处理得当，颇有人望，提升为北院枢密使，成为辽廷百官之长。辽穆宗酗酒嗜猎怠政，作为百官之长的萧护思，对朝政的处理应当说还是比较尽职尽责的，从而使辽穆宗一朝辽廷没有出太大的乱子。但是，萧护思为图自保，对辽穆宗酗酒嗜猎的怠政行为没有加以劝谏，从而遭到当时人们的一些非议。

萧思温　小字寅古，乙室已国舅帐人，娶辽太宗女儿为妻而出仕为官，初任职务为群牧林牙，辽穆宗朝因皇亲国戚之故出任南京留守，在任期间发生了后周世宗柴荣北伐收复燕云十六州的战争。萧思温不懂军事，面对后周军队的进攻，没有应对策略，从而丢失了瓦桥关等三关地。但是，辽穆宗并没有治他的罪，只是把他调回朝中任侍中，仍为辽廷权臣。当时辽穆宗酗酒嗜猎怠政，有些大臣因为劝谏而被治罪，萧思温则从不劝谏穆宗，从而保住官位不失。由于辽穆宗无有子嗣，皇位继承人成为辽廷显贵们猜度的目标，萧思温自然也不例外，把宝押在了自己的

辽代鎏金高士图银杯

海东青

海东青是雕的一种，秉性异常猛烈，善捕空中飞禽和陆上小兽。肃慎语称"海东青"为"雄库鲁"，意为世界上飞得最高和最快的鸟，有"万鹰之神"的含义。传说十万只神鹰才出一只"海东青"。辽代皇帝在春捺钵时，观看海东青捕天鹅是其中的重要节目。现在仍有海东青捕捉天鹅的玉雕存世。辽代为了保证这种女真部落产的猛禽能够通畅到达上京，专门开辟了"鹰路"。辽王朝对女真诸部的压迫由此可见一斑，辽中期以后女真人多次反抗，最终迫使鹰路废弃。

辽"千秋万岁"铜镜

大女婿、辽穆宗胞弟罨撒葛身上，成为其政治集团中的骨干成员。但是，辽穆宗遇害时，罨撒葛因图谋皇位被罚在西北边境守边鞭长莫及，萧思温于是临阵换主，与辽景宗做了一笔政治交易，他拥立辽景宗为帝，辽景宗娶他的小女儿萧燕燕为皇后。政治交易做成后，萧思温得到了丰厚的回报，小女儿萧燕燕被册为皇后的同时，他也出任北院枢密使兼北府宰相晋封魏王，成为辽廷百官之长；但他的"一夜暴富"，也立即引起了辽景宗原来政治集团中的骨干成员高勋和女里的嫉妒，在辽景宗即位的第二年便被这两人所杀（970年）。巴林左旗哈拉哈达镇石羊沟辽墓疑为萧思温墓（见石羊沟辽墓节）。

耶律贤适 字阿古真，季父房皇族人，好学有大志，城府很深。辽穆宗朝出仕为郎君，因征伐室韦、乌古诸部叛乱有功升任右皮室详稳。当时有些人因议论穆宗朝政而获罪，贤适则常常独自一人相处，从不议论朝政。不仅如此，他见时在藩邸的辽景宗常与高勋、女里、韩匡嗣等人议论朝政，便劝谏辽景宗不要议论朝政以免获罪。辽景宗听取贤适的劝谏因而得以继承皇位。辽景

宗即位后，为了巩固皇权，遂把贤适倚为谋臣，凡朝中大事都与贤适商量。不久，辽景宗原政治集团成员发生内讧，萧思温被杀，贤适被提升为北院枢密使，成为辽廷的百官之长；他尽职尽责，即便是在酒宴之后也接着办公，从而使朝政为之一新，也使辽王朝出现中兴景象。贤适后因病改任西北路兵马都部署、西平郡王病逝。贤适的五世孙耶律习涅墓在巴林左旗乌兰达坝苏木浩尔吐嘎查西北小罕山发现，并出土了墓志。

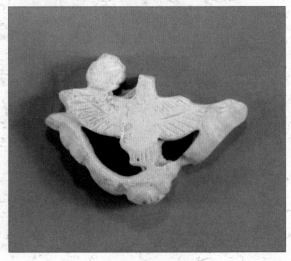

辽代玉雕饰件

室昉 字梦奇，辽神册四年（919年）出生于幽州（时为中原所有），忠厚好学，曾在家苦读20年，连邻里人都不认识，辽太宗获取燕云十六州后，在南京地区开科取士，室昉科举中第在辽廷出仕，他也是《辽史》中所记载的以科举而在辽廷出仕的汉族知识分子第一人，辽世宗朝累官至南京留守判官，辽穆宗朝累官至翰林学士；辽景宗即位后知室昉贤能常诏至身边问古今治乱得失，历朝治国安邦之策，室昉所答多合圣意，被提拔为南京副留守，因决狱判案公正而赢得口碑，被提拔为工部尚书、枢密副使、参政知事，接替高勋出任南院枢密使兼北府宰相。

辽代铜佛像

北府宰相一职自契丹遥辇氏汗国时开始，便由拔里氏或乙室已氏两族（即二国舅帐）人担任，室昉兼任北府宰相既是汉族人也是二国舅帐以外的人担任此职的第一人，从而打破了二国舅帐世袭北府宰相的特权，自然也遭到了二国舅帐的强烈反对。辽圣宗即位、萧燕燕摄政后，室昉在二国舅帐及辽廷显贵们的压力下，多次提出辞职要求，萧燕燕母子都没有允许，但室昉的压力并没有因为得到萧燕燕母子的信任和支持而减轻，辽统和八年（990年）室昉之子室种逃奔宋朝，室昉也再次请求致仕，萧燕燕母子仍然没有批准，特允许室昉常驻南京、入朝免拜、赐几杖、锦衣等；第二年室昉又请求让韩德让来代替自己，萧燕燕母子又没有同意，一直到辽统和十二年（994年），室昉才因病改任南京留守（名誉官）致仕，不久病逝，终年75岁。室昉在病逝前怕别人给自己写墓志有过誉之词，便事先为自己撰写好了墓志。室昉曾监修国史，撰写"辽朝实录"20卷（991年），这也是辽王朝建国以来所编纂的第一部比较完整的史籍。

韩匡嗣 字昌世，出生于辽神册三年（918年），韩知古第三子，玉田韩氏家族第二代人在辽廷中的代表人物。辽太宗朝出仕为右骁卫将军、太祖庙详稳，后受到冷落，在辽穆宗朝被牵涉进谋反案件丢官，与时在藩邸的辽景宗耶律贤走到一起，成为其政治集团中的骨干成员；辽景宗即位后对政治集团成员论功行赏，韩匡嗣出任上京留守，成为继高勋之后出任此职的汉臣第二人，不久又出任南京留守、封燕王；辽保宁八年（1076年）高勋因罪被罢官，韩匡嗣以南京留守权摄南院枢密使（协助时任南院枢密使兼北府宰相室昉工作）；辽乾亨元年（979年）辽景宗以韩匡嗣为都统

辽代印花方盘

辽墓石虎

率军南伐，以报宋太宗攻打辽南京之仇，韩匡嗣不知兵事加轻敌在满城兵败损失惨重，辽景宗大怒历述韩匡嗣五罪下令斩首，在皇后萧燕燕等人的说情下改受杖刑免去官职、降封秦王，后遥授晋昌军节度使；辽乾亨三年（981年）出任西南面招讨使镇抚党项诸部，第二年病逝任上。

郭袭 出生及家族情况不详，性格耿直，敢于谏言，辽穆宗朝一直在基层任职，辽景宗在藩邸时就知道郭袭的名声，即位后将其调到朝中工作，接替室昉为南院枢密使，曾上书劝谏辽景宗要减少行猎、饮酒、娱乐，得到辽景宗的赏识；辽乾亨三年（981年）改任武定军节度使病逝，郭袭也是辽王朝屈指可数的几名谏臣之一。

韩德让 韩匡嗣第四子，玉田韩氏家族第三代人在辽廷中的代表人物，出生于辽会同三年（941年），据说他曾与萧燕燕订有婚约，萧燕燕嫁进宫被册为皇后（969年），并没有影响两人的关系，相反韩德让由此平步青云，仕途一路绿灯，先接替父亲韩匡嗣为上京留守，接着又代替父亲（因韩匡嗣权摄南院枢密使回朝处理朝政）权知南京留守，期间发生宋太宗攻打南京战争（979年），韩德让因保卫南京有功，被提升为辽

兴军节度使；辽乾亨三年（981年）接替郭袭为南院枢密使，第二年辽景宗病逝（982年），韩德让与耶律斜轸携手帮助萧燕燕母子稳定住政局，把辽圣宗扶上龙椅，实现萧燕燕摄政。此后韩德让与萧燕燕两人旧情复发，成为事实上的夫妻。辽统和六年（988年）萧燕燕正式嫁给韩德让为妻，韩德让一跃成为辽廷"太上皇"，权势和地位更加显赫；辽统和十二年（994年）韩德让以南院枢密使接替室昉（致仕）兼任北府宰相；辽统和

辽墓神道碑

十七年（999年）耶律斜轸病逝，韩德让以南院枢密使、北府宰相兼任北院枢密使，集辽廷蕃汉、军政大权于一身，不久官至大丞相、晋封齐国王，位臻人臣之极；辽统和十九年（1001年）韩德让被赐名德昌；辽统和二十二年（1004年）韩德让帮助萧燕燕母子与北宋签订"澶渊之盟"，回到国内后被赐予国姓耶律氏、晋封晋王；第二年免去奴隶身份，隶横帐季父房（即辽太祖父亲之后裔），列于辽景宗庙位，位居诸亲王之上。至此韩德让完成了从奴隶到横帐皇族的转变，并取得了与辽廷皇帝及摄政太后才享有的置宫卫（斡鲁朵）的特权。辽统和二十九年（1011年），即萧燕燕病逝一年零三个月韩德让病逝，

享年70岁，陪葬于辽乾陵（辽景宗与萧燕燕陵墓）。韩德让是终辽一世汉臣在辽廷为官者中官职最高、地位最显之人，同时也是把辽王朝推向鼎盛的首功之人。

耶律斜轸　字韩隐，六院部皇族人，开国于越耶律曷鲁之孙，契丹族著名政治家、军事家。辽保宁元年（969年）耶律斜轸经萧思温推荐节制西南边军事，不久出任南院大王，与耶律休哥携手在高梁河打败北宋军队对南京的进攻，一战而扭转了辽廷对北宋的被动局面。辽乾亨四年（982年）辽景宗病逝，耶律斜轸与韩德让等携手将只有12岁的辽圣宗扶上皇位，实现萧燕燕摄政，并以功出任北院枢密使，成为百官之长，不仅帮助萧燕燕母子稳定住朝政，而且在辽对宋的战争中屡建奇功，燕云保卫战中正是他率兵击败宋西路军，俘虏宋大将杨业，从而取得了辽廷燕云保卫战的最终胜利，是萧燕燕母子把辽王朝推向鼎盛的股肱之臣，辽统和十七年（999年）病逝于北院枢密使任上。

耶律室鲁　字乙辛隐，六院部皇族人，与辽圣宗同年生，深得辽圣宗的喜爱，提为值宿官，后跟随辽圣宗伐宋，以功晋升为北院大王，韩德让病逝后，耶律室鲁出任北院枢密使晋封韩王（1011年），两个月后病逝。

耶律化哥　字弘隐，孟父房皇族人，辽景宗朝出仕为北院林牙，辽圣宗朝历任上京留守、北院大王、南院大王，耶律室鲁病逝后，化哥出任北院枢密使（1011年）；第二年率军平息阻卜叛乱有功晋封豳王，但因在回军途中纵军对归附辽廷的阿萨兰回鹘部大肆掠夺，引起诸部重新叛乱，被削去王爵、免去北院枢密使职，以侍中遥领大同军节度使，辽太平六年（1026年）病逝。

耶律世良　小字斡，六院部皇族人，才思敏捷，口齿伶俐，精通辽王朝典故及世谱。韩德让病逝时，辽圣宗曾征求其谁可为北院枢密使的意见，韩德让说没有比耶律世良再适合的，辽圣宗由此知耶律世良贤能，提拔其为北院大王。辽开泰年间，耶律世良跟随北院枢密使耶律化哥征伐阻卜叛部，化哥击败阻卜兵马后，以为大功造成便留下少部兵马率军返回，耶律世良则上书建议应该对阻卜部进一步征剿，辽圣宗采纳耶律世良建议，命化哥重返军中继续征剿，从而给阻卜诸部重创，保证了西北边境的稳定，耶律世良因功晋封岐王，接替耶律化哥出任北院枢密使（1013年）。辽开泰四年（1015年）耶律世良率兵平定了乌古叛乱后，接着又率军征伐高丽，第二年病逝于军中（1016年）。

萧合卓　字合鲁隐，突吕不部人，辽圣宗朝初为南院侍郎，辽统和十八年（1000年）在韩

辽代白釉鸡冠壶

辽代陶罐

德让的推荐下出任中丞，开泰三年（1014年）出任左离毕，耶律世良病逝后，萧合卓出任北院枢密使（1016年），成为百官之长，继续率军征伐高丽无果而还。萧合卓为政清廉，但心胸狭窄，压制了一些优秀人才，辽太平五年（1025年）病逝。

邢抱朴 应州人，聪明好学，博古通今，辽景宗朝初期出仕累官至翰林学士、礼部侍郎，辽圣宗朝初期迁翰林学士承旨与室昉共修国史，撰写"辽朝实录"20卷，因功升任参知政事（南面官宰相）；经韩德让举荐曾到基层考察考核官员、判决狱讼，因办事公平合理、秉公办案，深得基层群众和干部的好评，口碑不错；后因母亲病逝去官守孝，辽圣宗多次下诏邢抱朴回朝复任议事，邢抱朴则以为母守孝而推辞，在辽廷的多次催诏下，邢抱朴才回朝议事，被派到南京判决狱讼，很快将积压案件处理完毕，因功升任南院枢密使（1002年），不久病逝任上。其弟邢抱

契丹人的服饰

辽代契丹人身份、社会地位不同，服饰也就大异其趣。平民百姓为适应游牧生活，保持着固有的衣饰习惯，而皇帝、戚畹贵族、达官显宦则因与汉人接触较多，在服饰上逐步汉化。在日常生活中，契丹男子或空顶，或头戴皮、毡帽，穿圆领窄袖紧身左衽长袍，束革带，佩匕刀，下，足靴，穿开襟短上衣，冬天穿皮毛制成的衣服。女子包头巾，或戴小圆帽、皮帽，穿与男子同样的长袍，或左衽短衫、袄，下身着长裙或裤，足穿筒靴，束帛带，冬天则穿皮衣。

质在辽圣宗统和、开泰年间官至南府宰相、知南院枢密使事、大同军节度使等职。邢氏两兄弟母亲陈氏精通经书、擅长诗赋，颇有才华，生育六子，亲教经书，加以教导，最小两子即邢抱朴和邢抱质以儒学见长，同朝为官且后来官至宰相，陈氏也名显当时，甚至连承天太后萧燕燕都知道陈氏的才华，陈氏病逝（994年）后，特赠予其为鲁国夫人，刻石铭记其行，并派遣使臣参加其葬

辽代穹庐式骨灰罐

礼，陈氏也被列入《辽史》列女传。

张俭 宛平（今北京房山）人，出生于辽应历十三年（963年），辽统和十四年（996年）科举中进士第一出仕为云州幕官，以才在当地颇有名声，有一次辽圣宗到云州游猎，云州长官把张俭推荐给辽圣宗，辽圣宗遂将张俭召至身边问及世务30余件，张俭回答颇合圣意，辽圣宗见张俭是一个人才，便将其调到中央政府工作，历任政事舍人（1012年）、尚书工部侍郎（1013年）、枢密副使（1014年）、同知枢密院事；辽开泰四年（1015年）出任南院枢密使；后又历任政事令（1018年）、左丞相晋封鲁国公（1021年）、武定军节度使（1025年）、彰国军节度使（1025年）；太平六年（1026年）复任南院枢密使、左丞相、兼政事令；辽圣宗临终前命张俭辅佐辽兴宗即位，辽兴宗即位后册张俭为太傅，加赐同德功臣、进位太师；辽重熙四年（1035年）致仕；辽重熙十年（1041年）辽兴宗准备出兵攻打北宋以索要关南十县地，并就此事征求张俭的意见，张俭则说服辽兴宗放弃武力而派使臣索地，从而避免了南北战争的暴发；辽重熙二十二年（1053年）病逝，终年91岁。张俭一生事辽圣宗、辽兴宗父子两朝，从政40年，迁官31次，在相位21年，2次封王，赐"十字功臣"，是辽王朝鼎盛时期的重臣。他为人正直诚谨，不喜虚夸矫饰，生活简朴。有一次上朝议事，辽圣宗发现他穿的袍子破旧，便命人偷偷地在他的衣服上穿个洞做上记号，后来发现张俭每次上朝都穿着这件袍子便询问其故，张俭回答说

辽代白釉扭索提梁式鸡冠壶

"我穿这件袍子已经三十多年了"，当时辽王朝正处在盛世，朝中崇尚奢华之风，张俭便以此讽喻辽圣宗要提倡节俭之风；辽圣宗见张俭如此清贫节俭，便特许他任意取用官府库中物品，张俭只取三匹布而已；张俭有五个弟弟，辽圣宗要赐给他们进士第加以褒奖，也被张俭拒绝。张俭墓葬在北京市西城发现，并出土了墓志。

韩制心 小字可汗奴，契丹名字耶律遂贞，出生于辽保宁四年（972年），韩匡嗣之孙、韩德崇（韩匡嗣第六子）之子，玉田韩氏家族第四代人在辽廷中的代表人物。韩制心于统和年间出仕为归化州刺史，后历任辽兴军节度使（1012年）、上京留守、南院枢密使（任职时间不详，当在1017年以前）、中京留守（1019年）、惕隐（1019年）、汉人行宫都部署、封漆水郡王、南京留守、析津尹、兵马都总管（1020年）、封燕王、南院大王、兵马都总管（1023年），太平四

辽代獬豸纹紫绫袍

走进千年辽上京

王继忠 开封人，6岁时因在宋廷当官的父亲去世而补东西班殿侍，与时在藩邸的宋真宗关系不错，宋真宗即位后王继忠迅速得到提拔，累官至高阳关副都部署镇守定州（今河北定县），辽统和二十一年（1003年）被辽兵俘虏归附辽廷，萧燕燕知道王继忠与宋真宗关系不错，特意将契丹开国功臣康默记的族女嫁给他为妻，并召至身前打听宋廷情况，王继忠乘机劝说萧燕燕与宋廷议和，并最终促成"澶渊之盟"，结束了南北数十年的战争，因功升任辽廷武卫上将军、摄中京留守；开泰五年（1016年）为汉人行宫都部署、封琅琊郡王，第二年晋封楚王，赐国姓耶律氏，开泰八年（1019年）接替韩制心为南院枢密使，太平三年（1023年）致仕。

萧朴 字延宁，拔里氏国舅帐少父房人，少年老成，博学多智，开泰年间历官为南院承旨、南面林牙。辽圣宗曾向萧朴询问政事，萧朴回答说关心百姓疾苦，国家就会富强，辽圣宗听后高兴地说"吾得人矣！"太平四年（1024年）出任北府宰相，第二年接替萧合卓为北院枢密使，因帮助辽圣宗梳理家谱有功晋封阗陵郡王、

辽墓壁画"奏乐图"

年（1024年）病逝，终年52岁。韩制心与辽圣宗齐天皇后萧菩萨哥为表兄妹，对齐天皇后与萧耨斤后宫权争很是担心，因此处事非常谨慎，一般不参加宫里的宴会，齐天皇后对此很不高兴，问他为什么不参加宫里的宴会，韩制心回答说"宠贵怎么能长期保持下去呢！我为此而担忧啊！"可惜齐天皇后并没有听懂表兄的话，最终被萧耨斤所杀害。

恒王、加中书令。辽兴宗即位后（1031年），萧耨斤摄政疯狂捕杀齐天皇后一派人，萧朴曾多次为齐天皇后申冤，并气得吐血，被萧耨斤免去北院枢密使，降任东京留守，后因帮助辽兴宗夺回皇权有功提升为南院枢密使（1034年）、晋封楚王、魏王病逝。

萧孝先 字延宁，小字海里，述律平胞弟萧阿古只五世孙，萧耨斤胞弟，辽统和十八年

（1000年）娶辽圣宗第四女崔八为妻拜驸马都尉；辽开泰五年（1016年）姐姐萧耨手生下辽兴宗后，萧孝先开始跟着沾光，历任国舅详稳、南京统军使、汉人行宫都部署、上京留守、复任国舅详稳、东京留守，在任期间发生了渤海人大延琳起兵反辽事件，萧孝先被叛兵扣押，后逃跑而归，复任上京留守。辽圣宗病逝时，萧孝先担任上京留守，按照姐姐萧耨斤的意图率兵将皇帝行宫戒严，逮捕诛杀所谓的齐天皇后党人，帮助姐姐实现摄政，因功先任北府宰相，后又接替萧朴出任北院枢密使，成为百官之长，甚至是代替姐姐处理朝政。不久又与姐姐密谋想废掉皇帝辽兴

辽代鸡冠壶

宗拥立耶律重元为皇帝，结果事泄，辽兴宗抢先一步控制了萧孝先，让其对自己夺回皇权一事表态，萧孝先在辽兴宗的软硬兼施下只好默认，从而使辽兴宗顺利夺回皇权，萧孝先也由此保住了性命，改任南京留守病逝。

萧孝穆　小字胡独堇，述律平胞弟萧阿古只五世孙，萧耨斤长兄，辽统和二十八年（1010年）累官至西北路招讨都监，在西北边境镇守达10年之久，对维护辽西北部稳定做出了巨大贡献，期间因功提拔为北府宰相（1014年），但因阻卜诸部叛服不定又在西北边境镇守5年才回朝（1019年），历任知枢密院事、充汉人行宫都部署、南京留守加封燕王（1023年）、兵马都总管。辽太平九年（1029年）东京渤海人大延琳起兵反辽，辽圣宗在多次派兵征剿不果的情况下，派时任南京留守的萧孝穆率兵前往征剿，萧孝穆利用一年时间最终将大延琳平定，以功加封东平王、赐佐国功臣、调任东京留守；辽圣宗临终前

辽代小石人

将萧孝穆诏至身边托付后事，萧孝穆在将外甥辽兴宗扶上皇位的同时，将自己的女儿萧挞里嫁给辽兴宗册为皇后，生下皇子辽道宗，萧孝穆也入朝出任南府宰相，帮助辽兴宗夺回皇权后，接替弟弟萧孝先出任北院枢密使成为百官之长（1037年）；辽重熙十年（1041年）辽兴宗趁北宋与西夏交兵之际，想出兵北宋索要关南十县地，萧孝穆在廷议时提出反对意见，辽兴宗执意南伐，萧孝穆以辞官相谏，辽兴宗虽然没有听取萧孝穆的意见，但也没有答应他辞官而改任南院枢密使，并把出兵南伐改为派使臣索地，从而避免了南北之间的战争。辽重熙十二年（1043年）六月，萧孝穆再次出任北院枢密使，4个月后病逝。萧孝穆是辽圣宗朝后期及辽兴宗朝中前期辽廷和拔里氏国舅帐中的主要人物，人品端正，办事公道，懂事理、识大体、顾大局，既是辽兴宗从母后手中夺回皇权的关键人物，同时也是辽兴宗朝的股肱之臣，被时人称为"国宝臣"。萧孝穆的文才也

很不错，著有"宝老集"，是终辽一世难得的文武兼备、生前死后口碑都颇好的辽廷百官之长。

萧孝忠　字撒板，小字图古斯，萧孝穆之弟，娶辽圣宗第三女为妻拜驸马都尉，辽圣宗朝官至北府宰相；辽重熙七年（1038年）出任东京留守，接着出任北府宰相；十二年（1043年）萧孝穆因反对辽兴宗南代索地改任南院枢密使，萧孝忠以北府宰相接替兄长出任北院枢密使，半年后病逝。

萧孝惠　字伯仁，小字脱古思，萧孝穆之弟，辽圣宗朝历任国舅详稳、契丹行宫都部署、南京统军使、右夷离毕、知东京留守事、西北路招讨使、封魏国公，领兵在西北部镇守多年，对阻卜诸叛部的征伐有胜有败，功绩不显，后改任南京统军使；辽兴宗即位后，萧孝惠历任知兴中府、顺义军节度使、东京留守、西南面招讨使、契丹行宫都部署、南院枢密使（1037年）；辽重熙十年（1041年）辽兴宗召集群臣廷议出兵北宋

辽代摩羯纹鎏金提梁银壶

辽代白釉直颈罐

耶律重元　小字勃吉只，出生于太平元年（1021年），辽圣宗与元妃萧耨斤次子，辽兴宗之弟，文武双全，一表人才，人望而畏；太平三年（1023年）封为秦国王；辽圣宗病逝后（1031年），萧耨斤摄政与长子辽兴宗矛盾激化，密谋废掉辽兴宗立重元为皇帝，重元时年只有12岁（1034年），或许还不懂得皇帝意味着什么，便把这一关系自己政治前途的秘密告诉了哥哥，辽兴宗先下手为强囚禁母亲夺回皇权后，为了感谢弟弟重元，特赐封其为皇太弟，历任北院枢密使、南京留守、知元帅府事等职，并在某种场合说过自己百年之后，让弟弟重元继承皇位；重元随着年龄的增长也知道了皇帝的重要性，也等着哥哥兑现诺言，能够把皇位传给自己；辽重熙二十四年（1055年）辽兴宗病逝辽道宗即位后，为了安抚重元，特赐封其为皇太叔、觐见皇帝免拜不名，任命为天下兵马大元帅，赐金券、四顶帽、二色袍，重元也由此达到尊崇无比的地位；但是，重元心里想的是皇位，对这些不感兴趣，

辽墓壁画"湖石牡丹图"

索要关南十县地事宜，北院枢密使萧孝穆提出反对意见，南院枢密使萧孝惠见辽兴宗有意南伐便极力赞成，待北宋增币后，萧孝惠以赞成功提升为北府宰相、兼同知元帅府事（1043年），不久萧孝穆病逝，萧孝惠接替兄长出任北院枢密使成为百官之长。在随后的几年间，萧孝惠或随辽兴宗或独自率军征伐西夏均失败而归，辽重熙十九年（1050年）以老退休。萧孝惠的能力不是太大，但却能够廉洁从政，辽兴宗曾允许他在国库里随便挑选奇珍异宝，他都加以拒绝，因而被辽兴宗所倚重，虽然率军出征大多失败而归，却还是多次被委以军职，即便是在退休后，辽兴宗在冬夏召开臣僚会议时，还把他诏到行在参与国事。辽清宁二年（1056年）病逝，终年74岁。

辽代铸铁镂空器

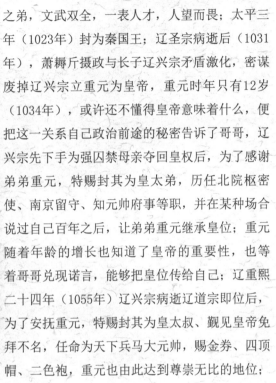

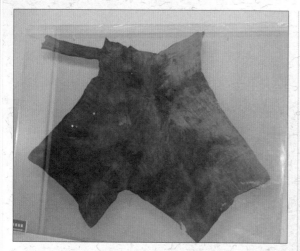

辽墓出土黄绢短裤（巴林左旗出土）

辽代卧式石狮子

于是开始图谋皇位；辽清宁九年（1063年）辽道宗到太子山游猎，重元父子趁机起兵夺权，结果兵败自杀。

萧孝友　字挞不衍，小字阵留，萧孝穆之弟，开泰年间出仕为小将军，太平年间累官至左武卫大将军、赐名孝友。辽重熙元年（1032年）累官至西北路招讨使、封阑陵郡王，八年晋封陈王；辽重熙十二年（1043年）萧孝穆、萧孝忠兄弟相继病逝，萧孝友接替兄长出任南院枢密使、晋封赵王；后历任北府宰相、东京留守，后因在征伐西夏战争中失利，被辽兴宗治以死罪，在其姐姐萧耨斤的干预下免罪，复任东京留守晋封燕王，改任上京留守晋封秦王；辽道宗即位后萧孝友以上京留守改任东京留守（1055年），第二年复任北府宰相致仕。辽清宁九年（1063年）萧孝友与子参与耶律重元叛乱，因罪被杀。

萧革　小字滑哥，字胡突堇，拔里氏国舅帐人，机警多智，因能说会道而在社会上小有名气。辽兴宗夺回皇权后，为了摆脱萧氏诸兄弟握政的局面，有意培植维护皇权的势力，萧革被选中担任北面林牙，重熙十二年（1043年）出任北院枢密副使，同年萧孝穆、萧孝忠等兄弟病逝，辽廷进入权力调整期，萧革也开始受到重用，历任北府宰相（1044年）、同知北院枢密事（1046年）、南院枢密使（1050年）、北院枢密使（1052年），成为百官之长；萧革本是奸佞之人，一旦大权在握便开始弄权。辽道宗即位后（1055年）为了平衡各方政治势力对人事进行调整，萧孝穆之子萧阿剌（辽道宗亲娘舅）出任北

辽代白釉长颈瓶

院枢密使，萧革改任南院枢密使（1057年），心里不满，不久便鼓动辽道宗将萧阿剌贬为东京留守，自己复任北院枢密使，但因与南院枢密使耶律仁先不和，不久又被改任南院枢密使（1058年6月）；萧革心里不甘，几个月后又把耶律仁先贬出朝堂，自己再次复任北院枢密使（1058年12月）；辽清宁七年（1061年）时任东京留守萧阿剌回朝议事，对朝政多有褒贬，从而惹恼了喜欢听奉承话的辽道宗，萧革借机挑拨离间，鼓动辽道宗将萧阿剌杀死在朝堂上。但是，随着萧阿剌被杀，萧革的奸佞之相也充分暴露出来，第二年（1062年）遂被辽道宗所抛弃，退休回家。萧革本是奸佞之人，退休后又与觊觎皇位的耶律重元（辽道宗叔父）勾结在一起，发动兵变想推翻辽道宗的皇位，结果事败被凌迟处死（1063年）。

　　萧阿剌　字阿里懒，萧孝穆之子，辽道宗亲娘舅，幼时养在宫中，深得辽兴宗的喜爱，历任同知北院枢密使、东京留守、西北路招讨使、封西平郡王；辽道宗即位后，萧阿剌被诏回朝堂提拔为北府宰相权知南院枢密使以辅佐国政（1055年），第二年接替萧革出任北院枢密使为百官之长；萧阿剌人品正直、敢于直言、办事公

辽墓壁画

辽代影青盘

道，对萧革的一些不法之事多有纠正，萧革遂在辽道宗面前进谗言，说得辽道宗对萧阿剌不再信任，萧阿剌见辽道宗如此信任萧革，便气得想辞官回家，辽道宗虽然没有答应，但还是按照萧革之意将萧阿剌贬为东京留守；辽清宁七年（1061年）萧阿剌回朝议事，对辽道宗施政多有批评，从而惹得辽道宗很不高兴，萧革则借机点火说萧阿剌蔑视皇帝，挑拨辽道宗将萧阿剌杀死在朝堂之上。萧阿剌刚直不阿，有匡国之才，被杀后辽道宗再也听不到正直之言了，因此人们都认为萧阿剌如果不被杀，就不会发生耶律重元叛乱和耶

73

律乙辛擅权了。萧阿剌家族墓已经在辽宁阜新发现。

耶律仁先 字纠邻，小字查剌，仲父房皇族人（《辽史·耶律仁先传》将耶律仁先列入孟父房皇族，但其《墓志》说其是仲父房皇族，本文

辽代餐具

从《墓志》），魁伟爽秀有智略，辽兴宗朝历任殿前副都点检、北面林牙、北院枢密副使；辽重熙十一年（1042）与刘六府出使北宋索要关南十县地，因功升任同知南京留守事，后历任契丹行宫都部署、北院大王、东京留守、封吴王。辽道宗即位后为牵制耶律重元，任耶律仁先同知南京留守事（1055年），第二年又出任南院枢密使，对时任北院枢密使的萧革多有抑制，不久代替萧革出任北院枢密使成为百官之长（1058年），但几个月后因萧革谗言，又改任南京兵马副元帅、徙封隋王；辽清宁六年（1060年）复任北院大王；辽清宁九年（1063年）复任南院枢密使，在太子山率兵平息耶律重元父子叛乱保卫了皇权，因功复任北院枢密使、加于越、晋封宋王，同时辽道宗特意下诏绘制滦河战图以表耶律仁先平乱之功。但是，在这次平息耶律重元父子叛乱过程

中，大奸臣耶律乙辛被提拔到南院枢密使之位，与耶律仁先同撑朝政。耶律仁先本是忠直之臣，对耶律乙辛的不法行为多有纠正，从而被耶律乙辛排挤出朝堂任南京留守（1065年），在任期间颇有政绩，被时人誉为耶律休哥（后文有传）之后又一难得人才；辽咸雍五年，西北部阻卜诸部叛乱，耶律仁先出任西北路招讨使率军平叛，由于措施得当很快将阻卜诸部叛乱平息，辽咸雍八年（1072年）病逝任上。耶律仁先墓葬已经在辽宁省北票发现，并出土了墓志。

萧图古辞 字何宁，楮特部人，辽兴宗朝累官至左中丞，善于察言观色，迎合上级；辽道宗朝初期历任北面林牙、北院枢密副使、知北院枢密使事、南府宰相（1062年）；萧革进谗言杀死萧阿剌后被迫退休，萧图古辞因会奉承接替萧革出任北院枢密使成为百官之长（1062年）；但是，萧图古辞本是奸佞之人，一旦大权在握便收受贿赂，任人唯亲，耶律重元父子则投其所好，将亲信充斥朝廷发展自己的势力，并于第二年（1063年）在太子山起兵叛乱夺取皇权，叛乱被平息后，萧图古辞也被免为庶人，后又籍为奴隶病逝。

耶律乙辛 字胡睹衮，五院部皇族人，到其父亲一辈时家境败落，连吃饭都成问题。乙辛长得一表人才，外表和气内心狡黠，一副大奸大佞之像，从而骗过了许多人的眼睛，这其中就包括辽兴宗的皇后、辽道宗的母亲萧挞里，在其推荐下乙辛进入皇宫为笔砚使，从而有机会接触到当时的皇帝辽兴宗和预备皇帝辽道宗，靠着

奸佞之术，仕途一路绿灯，历任护卫太保、同知点检司事、北院同知、北院枢密副使，辽清宁五年（1059年）官至南院枢密使进入辽廷权力核心层，后又改任北院枢密使事（1061年）；两年后（1063年）耶律重元父子在太子山发动叛乱，耶律乙辛因平乱有功再次出任南院枢密使，与北院枢密使耶律仁先同掌朝政。耶律乙辛本为奸佞之人，一旦大权在握便露出奸佞之相，开始弄权排斥异己、培植亲信，不久便将耶律仁先排斥出朝堂，出任北院枢密使成为百官之长（1065年），辽廷也自此进入耶律乙辛擅权时间段。耶律乙辛擅权近20年时间，不仅制造了辽王朝历史上最大的皇室冤案，杀害了皇后萧观音、太子耶律浚、太子妃萧氏等，而且排斥杀害了一大批辽廷忠直之臣，造成辽廷人才匮乏，奸佞当道，从而加速了辽王朝的灭亡。辽大康五年（1079年），耶律乙辛又想谋害皇孙耶律延禧事败被降为知南院大王事，第二年贬出朝堂任知兴中府事，第三年被逮捕入狱，第五年被处死（1083年）。

耶律颓的 字撒版，季父房皇族人，辽太祖异母弟耶律苏五世孙，辽兴宗朝出仕，辽道宗咸雍八年（1072年）改任彰国军节度使（治所在今山西应县境内），到任后发现北宋有侵占辽土地的问题，遂上书反映并建议要及早解决。辽道宗听任颓的之言，派人到宋廷交涉侵占土地事宜，双方经过多次谈判，宋廷终于答应重新划定疆界，颓的又受命前往划定双方界线，从宋廷手中多划过700多里的土地，因功提升为南院宣徽使；大康四年（1078年）出任忠顺军节度使、南院大王（1080年）、同知南京留守、南府宰相（1082年2月）、赐贞良功臣、封吴国公、北院枢密使（1082年6月），成为辽廷百官之长，大安四年（1088年）致仕。耶律颓的廉洁奉公，知无不为，在耶律乙辛倒台后出任百官之长，对恢复辽廷的正常工作秩序还是起到了一定的作用。

姚景行 祖父原为中原后周政权领兵将领，辽穆宗朝出使辽廷时被扣留，从此落户于契丹。姚景行博学多才，重熙五年（1036年）通过科举在辽廷出仕为将作监，历任时在藩邸的辽道宗的老师、翰林学士、枢密副使、参知政事；辽道宗朝初期升任北府宰相，清宁九年（1063年）告老还乡，在途中得知耶律重元父子在太子山叛乱的

辽胡人乐舞纹铜镜

辽代陶骨灰罐

消息，立即赶赴太子山救驾，等到达太子山时叛乱已经被平息，辽道宗为了奖赏姚景行的忠心重新启用之，咸雍元年（1065年）出任武定军节度使，第二年出任南院枢密使。当时辽道宗有意乘北宋与西夏交兵之际出兵伐宋，以此征求姚景行的意见，姚景行则以南北和平局面来之不易加以劝谏，从而避免了南北战争的发生；不久致仕，几月后又复任南院枢密使兼中书令、知兴中府、朔方节度使、辽兴军节度使等职；当时上京监狱积压案件严重，姚景行受命出任上京留守，上任不到一个月便将积压案件全部处理完毕，使上京监狱出现空狱现象，此后多次请求致仕，加守太师退休（1066年）。病逝后，辽道宗遣使祭奠，追封其为柳城郡王，寿昌五年（1099年）又下诏为姚景行建祠堂以供时人祭祀。

杨晳 一名杨绩，字昌时，安次（今河北）人，自幼通五经大义而小有名声，辽圣宗特意诏其试诗果如名，授秘书省校书郎；太平十一年（1031）科举中进士乙科，出任著作佐郎；重熙十一年（1042年）累迁任枢密都承旨、权度支使；后历任枢密副使、长宁军节度使、知涿州；辽道宗朝初期任参知政事，兼同知枢密院事、南府宰相；清宁九年（1063年）与姚景行闻耶律重元父子谋乱而赶赴太子山勤王，受到辽道宗奖赏提升任兴中府事；辽咸雍元年（1065年）任知南院枢密使，与姚景行同掌南院工作，封赵国公；第二年（1066年）赐同德功臣、尚书左仆射、兼中书令、接替姚景行出任南

院枢密使、晋封晋王（1066年）、北府宰相兼行南院枢密使、晋封赵王（1072年）；大康五年（1079年）出任辽西郡王（名誉职）病逝。

耶律阿思 字撒班，又名耶律祺，六院皇族人，辽道宗朝初期出仕补祗候郎君，因擅长骑射，负责狩猎事宜，后迁渤海近侍详稳。辽清宁九年（1063年）耶律元重父子在太子山起兵叛乱时，耶律阿思也在现场，与耶律仁先等一起平叛，一箭将耶律重元之子涅鲁古射死，从而为最终平定叛乱立下首功，被赐封靖乱功臣、提拔为契丹行宫都部署，后历任兼知北院大王事、北院大王、封漆水郡王、知北院枢密使事。辽寿昌元年（1095年）出任北院枢密使成为百官之长。耶律阿思有能力但本性贪婪，耶律颇的致仕后（见上文本传），辽廷北院枢密使空缺了很长时间，辽道宗提出耶律阿思和萧斡特剌两个人选让群臣廷议，当时有人提出耶律阿思有才却贪婪，用之将会成为祸害的根源。辽道宗没有听取这一建议，最终还是任用耶律阿思为百官之长。耶律阿思大权在握后便露出贪婪之心，排斥忠良任用亲小，特别是在辽天祚帝为"皇后太子冤案"平反过程中，耶律阿思作为平反工作的主要负责人，趁机收受贿赂，不仅放过了耶律乙辛党羽，而且故意使案件扩大化制造了许多新的冤案，从而造成社会混乱，怨声载道，平反工作也不了了之。不仅如此，耶律阿思还收受女真人的贿赂，阻止辽廷有识之人关于加强边防以防止女真人作乱的建议，从而使女

辽代仓廪式骨灰罐

真人坐大，并最终灭亡了辽王朝。耶律阿思后来得了中风不会说话，于辽乾统八年（1108年）病逝，其家族墓葬在阿鲁科尔沁旗境内发现，并出土了墓志。

萧惟信　字耶宁，楮特部人，幼年认学好辩论，辽兴宗朝初期出仕累官至左中丞，重熙十五年（1046年）担任时在藩邸的辽道宗的老师，十七年迁任北院枢密副使、兼北面林牙；辽清宁九年（1063年）耶律重元父子叛乱，萧惟信与耶律仁先平叛有功赐竭忠定乱功臣，提拔为南京留守、左右夷离毕、复为北院枢密副使、南院枢密使；咸雍五年（1069年）出任知北院枢密使事；七年出任南府宰相、兼契丹行宫都部署；大康年间耶律乙辛擅权杀害皇后萧观音及太子耶律浚后，又想立皇侄耶律淳为太子，以排斥皇孙耶律延禧，众臣僚迫于耶律乙辛的淫威谁也不敢站出来说话，只有萧惟信与萧兀纳站出来反对，从而戳穿了耶律乙辛的阴谋，并最终使辽道

辽墓壁画"烹饪宴饮图"

宗清醒而抛弃了耶律乙辛。萧惟信致仕后加守司徒病逝。

耶律仲禧　析津（今北京）人，汉姓李，辽兴宗朝出仕，辽道宗朝初期累官为知南院宣徽使事，后历任北院宣徽使、榆州刺史、汉人行宫都部署；咸雍六年（1070年）赐国姓耶律氏；八年（1072年）封韩国公；九年出任南院枢密使；时值耶律乙辛擅权，制造"皇后太子冤案"，耶律仲

辽代浮雕玄武纹石棺板　　　辽代铜花押印

辽青白釉瓷炉

禧与耶律乙辛同党、时任北府宰相张孝杰共同审理这一案件，耶律仲禧明知这是一起冤案，但还是附和耶律乙辛的意思为太子定了案，从而使耶律乙辛杀害了太子。耶律乙辛为了"表彰"耶律仲禧的"功劳"，提拔其为广德军节度使（1078年），两年后再任南院枢密使（1080年）。

马人望　字俨叔，高祖马胤卿在五代后晋朝任青州刺史，辽太宗南下灭晋兵至青州，马胤卿坚守城池抗辽，后城破被俘；辽太宗感马胤卿忠直特赦其罪，迁其家族于医巫闾山（今辽宁医巫闾山），从此马氏在医巫闾山定居，世代在辽廷为官；马人望曾祖赵廷煦曾官至辽南京留守；祖父马渊官至辽中京副留守；父马诠官至中京文思使；马人望从小失去父亲，但聪颖好学，及长以才学而被世人所称道，咸雍五年（1069年）考中进士出任松山县（今赤峰松山区境内）令，因政绩颇佳徙迁涿州（今河北涿县）知县，又因政绩颇佳迁任中京（今赤峰市宁城大明镇境内）度支司盐铁判官，后转任南京三司度支判官、警巡使；辽天祚帝朝初期，耶律阿思（上文有传）借"皇后太子冤案"平反昭雪之机，将平反工作扩

大化，牵连了许多无辜的人；马人望时为南京警巡使，协助平反昭雪工作，秉公办案，救下了许多人，被提升为上京副留守，到任不久便发生了赵钟哥率众攻入上京，抢掠宫女和皇帝御用物品事件，马人望立即率官兵进行平息，在与贼兵交战过程中胳臂中箭，仍然指挥官兵讨剿，贼兵抵挡不住，放弃所抢人质和物品逃走，马人望又命令上京附近有关卫戍部队进一步讨剿，终于将贼兵全部抓获，因功晋升为枢密都承旨，后又历任参知政事、南院枢密使，是辽天祚帝朝的重要大臣，被辑于《辽史》能吏传。

萧兀纳　一名萧挞不也，字特兔，六院部人，身材魁梧，擅长骑射，辽道宗朝初期出仕累迁官为北院宣徽使；时值耶律乙辛杀害皇后萧观音和太子耶律浚后，又想排斥皇孙耶律延禧，建

辽金花银渣斗

议辽道宗立皇侄耶律淳为储君，诸大臣在廷议时怕得罪耶律乙辛都不敢说话，只有萧兀纳站出来戳穿了耶律乙辛的阴谋，使其没有得逞；第二年（1079年）耶律乙辛又设计想谋杀皇孙耶律延禧，又是萧兀纳站出来戳穿其阴谋保护了太子，并最终使辽道宗看清了耶律乙辛的奸佞之相将其

辽代黑釉暗花葫芦瓶

抛弃；此后萧兀纳得到辽道宗的赏识，历任同知南院枢密使事、封阑陵郡王、殿前都点检、皇孙耶律延禧的老师、北府宰相（1080年）、南院枢密使（1085年）、复为北府宰相（1096年）；天祚帝即位后，因萧兀纳在担任其老师期间曾批评过自己而怀恨在心，将萧兀纳贬出朝堂历任辽兴军节度使、宁边州刺史、临海军节度使；萧兀纳并没有计较天祚帝对自己的"报复"，而是仍然心忧国家，多次上书辽廷要及早防备女真人；天庆元年（1111年）萧兀纳调任黄龙府事、东北路统军使，发现女真人有反辽迹象，再次上书建议辽廷乘女真人还没有起兵反辽之时采取措施以消除后患，可惜的是天祚帝没有听取这些建议；天庆四年（1114年）阿骨打起兵反辽攻打宁江州，萧兀纳率军抗击女真人马，但终因援兵不到而失去宁江州，被免去官职；五年（1115年）萧兀纳跟随天祚帝东征再次兵败，被授予上京留守；六年出任契丹行宫都部署兼副元帅；天庆八年

（1118年）病逝。

耶律斡特剌　字乙辛隐，季父房皇族人，辽太祖四弟寅底石六世孙，为人谨慎，41岁时才出仕，时值耶律乙辛擅权，耶律斡特剌怕得罪耶律乙辛而引祸上身，便深居简出；耶律乙辛倒台后，耶律斡特剌才抛头露面，历任宿值官、左右护卫太保、皇孙耶律延禧老师、左夷离毕、北院枢密副使、知北院枢密使事、赐翼圣佐义功臣等；辽道宗朝后期西北部的阻卜诸部叛乱屡征不止，耶律斡特剌临危受命担任辽兵总统率兵平叛（1094年），利用几年时间终于将阻卜叛乱基本平息，以功出任南府宰相（1097年）；两年后耶律斡剌特以南府宰相再次担任西北路招讨使率军对阻卜诸叛部进行征剿（1099年），经过一年多的征剿最终将历时30余年的阻卜诸部叛乱平息（1100年），时值辽道宗病逝、辽天祚帝即位，耶律斡特剌因功以南府宰相兼任南院枢密使（1101年），第二年接替耶律阿思出任北院枢密使成为百官之长，后致仕而卒。

萧奉先　乙室已国舅帐人，其姐姐为天祚帝皇后萧夺里懒，妹妹为天祚帝元妃萧贵哥，因两姐妹在宫中之故，萧奉先累官至北院枢密使、封阑陵郡王，成为辽末辽廷重臣权臣。辽天庆二年（1112年）萧奉先随天祚帝到混同江春捺钵钩鱼，生女真完颜部首领阿骨打在头鱼宴上抗拒天祚帝的命令，反辽之心昭然若揭，酒席散后，天祚帝让萧奉先在边境上随便找一个借口杀死阿骨打以除后患，而萧奉先怕由此引起女真人的不满，劝说天祚帝放过了阿骨打。不仅如此，阿骨打返回完颜部后公开对抗辽廷，萧奉先亦加以姑息，从而增强了女真人起兵反辽的信心。辽天庆四年（1114年）阿骨打起兵反辽后，萧奉先作为丹汗国和辽廷的最高行政机构，北南两府宰相是百官之长；辽世宗设置北南两枢密院之后，北南两宰相府退居次席，隶属于北枢密院领导，是辽王朝中央政府第二层次领导机构，北南两府宰相是仅次于北院枢密使的辽廷要员，也是辽廷二国舅帐（主要任北府宰相）、宗室和汉族显贵（主要任南府宰相）任职比较集中的两个职位。根据有关资料记载，终辽一世担任北南两府宰相人员数以百计，《辽史》为北府宰相立传26人：萧敌鲁、萧阿古只、萧痕笃、萧海璃、萧思温、萧继先、室昉、萧朴、萧孝忠、韩德让、萧常哥、萧干、萧塔列葛、萧孝穆、萧孝友、萧排押、萧阿剌、萧塔剌葛、萧术哲、萧孝惠、萧兀纳、萧乙薛、杨遵勖、张孝杰、萧余里也、萧革；为南府宰相立传23人：韩延徽、韩涤鲁、耶律沙、耶律善补、耶律奴瓜、杜防、耶律颇德、大康义、耶律弘古、萧德、萧惟信、耶律斡特剌、杨皙、赵徽、耶律喜孙、耶律铎鲁斡、杨遵勖、王棠、耶律燕哥、萧图古辞、耶律苏、耶律淳、张琳，现将他们简介如下（其中与北南两院枢密使交叉任职18人不再重述）。

辽代摩羯盘

辽廷百官之长，不思破金之策，却为自己的外甥图谋皇位，鼓动天祚帝先后杀死文妃萧瑟瑟（1121年）、皇子耶律敖鲁斡（1122年），从而加速了辽王朝的灭亡。辽保大二年（1122年）萧奉先跟随天祚帝无处可逃躲进夹山避难，天祚帝在穷途末路之时也看清了萧奉先的奸佞之相，遂把萧奉先父子赶出夹山；萧奉先父子出夹山不远便被金兵俘虏，在押往金营途中又被辽兵抢回送到夹山被天祚帝处死。萧奉先是《辽史》所记录的辽王朝最后一位北院枢密使，作为辽廷百官之长对辽王朝的灭亡有不可推卸的责任，因此，史籍有"萧奉先误国"之说。

五、辽王朝北、南宰相府宰相

辽王朝北南两宰相府在辽世宗设置北南两枢密院之前，是契

辽代人鱼纹穹庐式陶骨灰罐

萧痕笃 字兀里轸，迭剌部人（萧痕笃家族是迭剌部耶律氏家族的仆人），其先人曾在契丹遥辇氏汗国时期担任北府宰相。萧痕笃为人慷慨，颇有才干，幼时便跟随在辽太祖身边（以仆人身份跟随在主人阿保机），及长随辽太祖东征西讨屡立战功。辽太祖代遥辇氏担任契丹可汗后，萧痕笃担任首任北府宰相，成为辽太祖的

得力佐臂，对稳定局势、维护辽太祖汗权发挥了重要作用。

萧敌鲁　字敌辇，乙室已国舅帐人，述律平异父同母兄长、辽太祖姑表兄弟（母亲为辽太祖姑母），性情宽厚、臂力绝人、熟悉军事，辽太祖担任夷离堇率领契丹八部兵马东征西讨期间，萧敌鲁数为先锋亲临敌阵搏杀；辽太祖攫取汗位后，萧敌鲁出任总宿卫官日夜保卫辽太祖的人身安全；辽太祖担任契丹可汗的第四年（910年），为了利用妻子述律平家族抗衡契丹守旧贵族势力，任命萧敌鲁担任北府宰相，萧敌鲁也由此成为述律平家族、即辽廷后族（二国舅帐）担任北府宰相的第一人，对稳定契丹建国初期政局，维护辽太祖汗权，平定诸弟叛乱发挥了重要作用，辽神册三年（918年）病逝在北府宰相任上。萧敌鲁既是述律平家族的代表人物，同时也是契丹建国初期重要政治人物之一，是辽太祖攫取契丹汗权、开国称帝的重要功臣，是辽太祖二十一名佐命功臣之一，被比拟为"手"，在《辽史·列传》中列第二位，其后人被列入乙室已氏国舅帐，享有世选北府宰相的特

权。

萧阿古只　字撒本，述律平胞弟，萧敌鲁异父同母弟，骁勇善战，尤其擅长射箭，辽太祖为夷离堇率领兵马东征西讨期间，阿古只便与兄

辽代黄釉钵、黑釉罐

长萧敌鲁跟随在辽太祖身边，冲锋陷阵，屡立战功，为辽太祖攫取汗权立下大功；刺葛诸弟叛乱期间，阿古只与兄长萧敌鲁一起率兵平叛，并最终将叛乱平息；辽太祖开国称帝后，阿古只多跟随辽太祖南下攻掠燕云地区战功卓著；辽神册三年（918年）兄长萧敌鲁病逝后，阿古只继任北府宰相；辽神册五年（920年）辽太祖攻取云州等西南地区后，阿古只卸去北府宰相一职总西南军事（922年左右）；辽天赞四年（925年）辽太祖率兵东征渤海国，阿古只率军为先锋对灭亡渤海

辽代铜鎏金马鞍饰

辽代影青盘

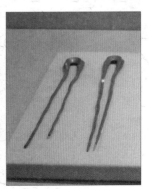

辽代金钗

国立下战功，回军后病逝。阿古只是契丹建国初期的重要政治人物之一，是辽太祖攫取契丹汗权、开国称帝的重要功臣，是辽太祖二十一名佐命功臣之一，被比拟为"耳"，其后人被列入拔里氏国舅帐，具有世选北府宰相的特权，终辽一世，辽廷皇后及北府宰相多出自此家族。阿古只家族墓已经在辽宁阜新发现，但并没有发现本人墓葬。

辽代金面具

耶律苏 字云独昆，季父房皇族人，辽太祖同父异母弟，在辽太祖六兄弟中，耶律苏与大哥阿保机的关系最好，对辽太祖的支持最大，也最得辽太祖的信赖，辽太祖担任契丹可汗后，剌葛诸弟三番五次起来图谋汗位，耶律苏不仅没有参与其中，而且还往返于辽太祖与诸弟之间调解关系、化解矛盾，为平定叛乱、保住诸弟性命出力颇多；辽太祖开国称帝后耶律苏被封为二十一位佐命功臣之一，在诸兄弟中也最先得到重用，神册五年（920年）出任大内惕隐，六年出任南府宰相；南府宰相一职原来多由乙室部人担任，在诸弟叛乱过程中担任南府宰相之显贵家族多人牵涉其中而罹难，辽太祖命楮特部首领权摄南府宰相之权，在楮特部人的多次请求下，辽太祖才任命六弟耶律苏担任此职，从而把南府宰相之权控制在耶律氏皇族手中，耶律苏也是耶律氏皇族担任南府宰相的第一人；此后耶律苏率领南府兵马或单独或跟随辽太祖出征；天赞四年（925年）耶律苏率领南府兵马随辽太祖东征渤海国立有战功，辽太祖病逝于扶余府后，耶律苏因拥立太子耶律倍继承皇位，被大嫂述律平杀死于回返皇都途中（926年）。

韩延徽 字藏明，幽州安次人，英俊多才，幼时常随在幽州府为官的父亲进入幽州府，从而被幽州酋帅刘仁恭相中招进幽州府为观察度支使；刘守光囚父刘仁恭在幽州称燕王，

辽黄玛瑙盏

辽代陶罐

受到李存勖等中原藩镇势力的讨伐，派韩延徽到契丹请求外援，被辽太祖留在身边用事。时值诸弟三番五次起来图谋汗位，韩延徽帮助辽太祖分析原因说，这是契丹原始的酋长议事、诸酋轮流当可汗所造成的，进而宣传中原封建帝制思想，建议辽太祖设置州县城郭来安置汉人，仿效中原封建帝制开国称帝；辽太祖平定诸弟叛乱、计杀七部酋长后，采纳韩延徽的建议仿效中原封建帝制建国，从而开创了契丹民族历史上的新纪元。辽太祖开国称帝后，韩延徽又帮助其置衙开府、设立各项制度、创制契丹文字、颁布法律、建筑皇都等，因功历任守政事令、崇文馆大学士；辽天赞四年（925年）韩延徽跟随辽太祖东征渤海国因功拜左仆射；辽太宗即位后晋封鲁国公、仍任政

辽代铜花押印

辽代铁骨朵

辽代铜偶

一，是终辽一世屈指可数的历官四朝的人物之一。《辽史》也给予韩延徽很高的评价"太祖初元，庶事草创，凡营都邑，建宫殿，正君臣，定名分，法度井井，延徽力也。"韩延徽之孙韩佚墓志在今北京八宝山革命公墓院内出土，据《韩佚墓志》此处为韩延徽家族墓，但并没有发现韩延徽墓葬及墓志。

萧塔剌葛　字陶哂，六院部人，契丹建国之前，萧塔剌葛的叔祖萧台哂因为谋杀辽太祖三伯父于越释鲁，其家族被籍为奴隶，但仍然保持着与耶律氏家族通婚，开国太子耶律倍便娶了萧塔剌葛的姐或妹为妻下辽世宗。辽世宗即位后，因为萧塔剌葛家族是自己的舅族之故，不仅免除其奴隶身份，而且从本部族中独立出来升为国舅别帐，以娘舅萧塔剌葛为敞史统领，不久又提升任北府宰相。萧塔剌葛担任北府宰相后，也是尽

辽代王士芳墓志

事令、南京三司使；辽世宗朝迁任南府宰相，成为汉族知识分子出任南府宰相的第一人；辽穆宗朝致仕，辽应历九年（959年）病逝，终年78岁。韩延徽是契丹建国初期的重要政治人物，是辽太祖佐命功臣之

走进千年辽上京

西班院杨娘娘骨灰匣板

心尽力辅佐辽世宗，对觊觎皇位的察割加以监视和限制，无奈辽世宗对察割信任有加，最终在祥古山火神淀被察割所杀，萧塔剌葛也罹难其中（951年）。

萧海璨 字寅的晒，出生于神册二年（917年），魁伟貌俊，臂力过人，早期任职情况不

详，辽世宗朝娶辽太祖五弟安端之女蔼因翁主为妻，辽天禄五年（951年）蔼因翁主参与兄长察割杀害辽世宗被诛，萧海璨因没有参与妻子和大舅哥（察割）谋乱，不仅保住了性命，而且还续娶辽太宗次女嘲瑰公主（辽穆宗姐或妹）为妻，从而被辽穆宗所倚重，出任北府宰相，并授予总知军国事之特权。萧海璨出任北府宰相之后的第一件政务，便是处理辽世宗被杀案件，因察割是在夜间突然起兵造反，诸王在酒醉中被惊醒，不知发生了什么事情，或观望或被叛党所挟持参与了叛乱或躲藏起来或被抓与叛党在一起，局势非常混乱，叛乱被平息后，诸王多被关进了监狱，免不了要有冤案；萧海璨在处理案件时，对每个人的情况都认真加以核对，从而最大限度地避免了冤案的发生，对稳定穆宗刚刚即位后的混乱局势发挥了重要作用；穆宗即位后继续酗酒嗜猎，常常把朝政委托给萧海璨及弟弟罨撒葛处理，萧海璨为政清廉，办事谨慎，不仅使辽廷日常工作得以正常开展，而且也使酗酒嗜猎怠政的辽穆宗在不断有人起来图谋皇位的形势下稳坐龙椅；辽应历十七年（967年）萧海璨病逝于北府宰相任上，时年50岁，辽穆宗也于一年后被仆人所杀（969年）。

萧干 小字项烈，字婆典，开国宰相萧敌鲁之子，乙室已氏国舅帐人，早期任职情况不详，辽世宗率兵南下伐宋至祥古山火神淀，察割趁机起兵叛乱，时萧干也在现场，叛党找到他要求其一起起兵叛乱，萧干不仅没有答应而且还把游说他的人捆绑起来送给时为寿安王的耶律璟，为平定叛乱立下大功，辽穆宗（耶律璟）即位后嘉其忠提拔为群牧都林牙；辽应历十四年（965年）室韦、乌古诸部起兵反辽，萧干率领本部兵马平

叛，于应历十七年（967年）正月凯旋，当年五月北府宰相萧海璆病逝，萧干以功出任北府宰相，后改任突吕不部节度使；辽景宗即位后，皇后萧燕燕为了稳定政局而笼络二国舅帐人，呼萧干为父；辽圣宗即位萧燕燕摄政后，仍然把萧干倚为重臣，萧干也积极辅佐萧燕燕母子，对朝政提出了许多有建设性的意见，多被萧燕燕母子采纳；统和四年（986年）病逝。

萧继先 又名萧继远、萧宁远，字杨隐，小字留只哥，乙室已氏国舅帐人，萧思温侄子，萧燕燕叔伯弟，萧思温无子将继先过继为子以承袭香火；辽乾亨初年（979年）娶萧燕燕与景宗长女观音女（出生于970年）为妻拜驸马都尉；萧燕燕摄政后，为了改变"母寡子弱"危局，将萧继先提拔为北府宰相（986年），萧继先也不负所望，在稳定辽圣宗朝初期政局，特别是在辽南下伐宋战争中发挥了重要作用；辽圣宗亲政（1009年）后，萧继先仍为北府宰相，第二年（1010年）辽圣宗东征高丽，萧继先请求率领北府兵马从征，辽圣宗因其年龄大而没有允许，改任上京留守镇

守后方；辽圣宗东征高丽回来后，萧继先复任北府宰相，不久病逝。

耶律沙 字安隐，早期任职情况不详，辽穆宗朝累官至南府宰相，辽景宗即位后耶律沙以南府宰相总西南边军事，期间北宋曾出兵攻打北汉，耶律沙率兵及时救援从而使北汉政权不被北宋灭亡；辽乾亨元年（979年）北宋再次攻打北汉，耶律沙率军前往救援，结果在途中遭到宋军阻击，北汉政权也被北宋灭亡，耶律沙只好率军返回南京驻防；宋太宗乘灭亡北汉之胜威挥兵北伐包围辽南京城，想一举收复燕云十六州，耶律沙配合耶律斜轸、耶律休哥等在高梁河一举击败宋兵，取得了南京保卫战的胜利；战争结束后，辽景宗对援救北汉之战失利人员进行了处罚，耶律沙因在高梁之战中立有战功，与援救北汉不及时之过相抵，随后又率领南府兵马跟随韩匡嗣南下伐宋，在满城兵败而归，辽景宗大怒下令将韩匡嗣与耶律沙同时斩首，在皇后萧燕燕的说情下，两人并得免；辽圣宗即位萧燕燕摄政，耶律沙仍担任南府宰相，辽统和六年（988年）病逝任

辽代鎏金孝子图折肩银罐

辽代盘口瓜棱黑陶壶

上。

耶律善补 字瑶升，孟父房皇族人，纯朴而有才智，辽景宗朝初期累官至大同军节度使，乾

六年（1037年）出任南院大王，十二年加于越，不久改任武定军节度病逝。弘古曾与辽兴宗刺血盟友，两人关系非同一般，辽兴宗得到弘古病逝后，痛哭流涕，亲往祭奠。

萧排押 字韩隐，述律平胞弟萧阿古只四世孙，拔里氏国舅帐少父房人，早年出仕及任职情况不详，在辽穆宗应历十八年（968年）累官至政事令，辽景宗朝任职情况不详；辽圣宗即位萧燕燕摄政后，为了改变"母寡子弱"危局，萧燕燕有意笼络拔里氏国舅帐势力，而

辽代鸡冠壶

萧排押、萧恒德两兄弟成为她首先笼络的对象，将自己的两个女儿先后嫁给这两兄弟为妻，两兄

亨元年（979年）辽景宗以韩匡嗣为辽兵都统率军南下伐宋，善补率本部兵马从西路辅助东路军南伐，在途中得知韩匡嗣兵败满城后，便率军返回；乾亨四年（982年）善补率本部兵马随辽景宗再次南下伐宋，在满城被宋军包围，在耶律斜轸救援下才逃得性命，因兵败被免职；辽圣宗即位萧燕燕摄政，善补复起任惕隐，统和四年（986年）宋太宗北伐收复燕云十六州，善补率本部兵马不敢迎敌，致使西南面诸州失陷而被免去惕隐职务，不久提升为南府宰相、复任南院大王；此后善补多次率南院兵马随萧燕燕母子南伐，因不善于作战而多以兵败而归，74岁病逝。

耶律弘古 字胡笃堇，孟父房皇族人，北院枢密使耶律化哥之弟，辽圣宗统和年间官至北面林牙，太平元年（1021年）担任彰德军节度使、兼山北道兵马都部署、改任武定军节度使；六年（1026年）提拔为大内惕隐，因征讨阻卜叛部有功升任南府宰相，不久改任上京留守；重熙

辽墓壁画

辽代铜佛

统兵将领萧挞凛被宋兵射死于澶洲城下后，萧排押临危受命统领辽兵继续攻打澶州城，为萧燕燕与宋议和争取到有利条件和时间，并最终签订"澶渊之盟"结束了南北长达数十年的战争，萧排押以功提拔为北府宰相；辽圣宗亲政后发兵攻打高丽，萧排押担任辽兵都统，指挥部队攻取高丽首都开京，以功加封阆陵郡王；辽开泰二年（1013年）以北府宰相兼任知南面招讨使，五年晋封东平王，七年再次率兵攻打高丽兵败被免去北府宰相职务；辽太平三年（1023年）出任西南面都招讨使晋封豳王病逝。萧排押是辽圣宗朝中前期，即萧耨斤生下皇子耶律宗真（辽兴宗）之前拔里氏国舅帐少父房的代表人物，也是这一时期辽廷政坛上的重要政治人物。辽景宗即位后册

弟在拜驸马都尉的同时也都受到了重用；萧排押历任左皮室详稳、总永兴宫分纠及舍利、拽剌、二皮室等军、南京统军使等职，在辽廷数次南下找宋战争中多为先锋，战功显著；辽统和十三年（995年）萧排押提升为北、南两院宣徽使，对朝政颇有政见，也多被萧燕燕母子采纳；统和十五年加政事令、东京留守；统和二十二年（1004年）率本部兵马随萧燕燕母子再次南下伐宋，辽

辽绿釉盘口瓶

辽錾金银盏托

封乙室已国舅帐的萧燕燕为皇后，从而使辽廷后宫权争（即拔里国舅帐与乙室已国舅帐围绕着皇后之位的斗争）升级，萧燕燕因父亲萧思温过早被杀，又没有娘家兄弟，家族势力比较薄弱，为了改变这一险境，她不得不采取笼络拔里氏国舅帐之策，并把萧排押兄弟列为首选。萧排押不仅足智多谋，英勇善战，而且为政宽裕，善于断事，在辽廷及诸部族中颇有人望，不仅使萧燕燕笼络拔里氏国舅帐之策取得奇效，而且还成为萧燕燕的得力佐手，辽王朝在萧燕燕母子执政期间出现鼎盛，萧排押功不可没。

辽鎏金双凤戏珠纹铜捍腰

大康乂 渤海人，辽圣宗开泰年间（1012年至1020年）官至南府宰相，后又改任知黄龙府，善于做安抚工作，对安抚辽东部地区的女真人和

渤海人发挥了重要作用。大康乂也是《辽史》中所记载的唯一一名位至南府宰相的渤海人。

耶律奴瓜 字延宁，辽太祖异母弟耶律苏之孙，有臂力，擅长调教猎鹰，累官至黄皮室军都监，辽统和四年（986年）宋太宗发三路大军北伐，耶律奴瓜率本部人马隶耶律斜轸的西路军阻击宋西路军，因功加诸卫小将军，后又率部随军南伐因功迁黄皮室详稳、东京统军使（989年），十九年（1001年）升任南府宰相，二十一年（1003年）率南府兵马随萧燕燕母子南伐俘虏宋将王继忠，因功加同政事门下平章事，二十六

辽錾金银盏

年改任辽兴军节度使，不久复任南府宰相，辽开泰初年加尚父病逝。

韩涤鲁 字遵宁，又名耶律宗福，出生于辽统和十五年（997年），韩匡嗣之曾孙，耶律遂正（韩德威之子）之子，齐天皇后萧菩萨哥表侄，因齐天皇后生两皇子都夭折，思子心切，韩涤鲁13岁时（1010年）被辽圣宗和齐天皇后养于宫中视为己子，并与六年后萧耨斤所生皇子耶律宗真（辽兴

宗）连讳"宗"字（耶律宗福），成为兄弟行；由于萧耨斤生下皇子后便与齐天皇后争夺后宫之位，韩涤鲁也受到了影响，在辽圣宗朝的官职并不显赫；辽兴宗从母后萧耨斤手中夺回皇权后，萧涤鲁因与辽兴宗从小在宫中长大且是兄弟行关系仕途才开始有所起色，历任北院宣徽使、右林牙、副点检、大内惕隐、封漆水郡王、西北路招使（1043年）；重熙十五年（1046年）韩涤鲁因私取回鹘、阻卜贡物而被免官，不久又复任北院宣徽使、北道行军都统；重熙十八年（1049年）韩涤鲁率兵征伐西夏，在贺兰山俘虏李元昊之妻及西夏官员，以功复封漆水郡王（1050年），改任乌古敌烈部详稳、东北路详稳，晋封混同郡王，第二年（1051年）改任应州彰德军节度使；辽清宁八年（1062年）任南府宰相，咸雍七年（1071年）病逝，享年74岁。韩涤鲁出仕任职期间，玉田韩氏家族已经过了辉煌时期，因此他的仕途比较坎坷，但他一生"前后郡王三度，一字王二度"，且在辽王朝末期出任南府宰相，一方面说明韩涤鲁是一个很有能力的人，另一方面反映了玉田韩氏家族在辽王朝末期势力仍在，而韩涤鲁则是这一时期玉田韩氏家族第五代人在辽廷

中的代表人物。韩涤鲁墓在巴林左旗韩匡嗣家族墓地发现，并出土了墓志。

杜防　辽开泰五年（1016年）科举中进士出仕累官至枢密副使，辽重熙九年（1040年）担任参知政事，十三年出任南府宰相，十六年因奏事有误免相职出任武定军节度使，十七年复为南府宰相，不久又改任他职。杜防多才，以诗见长，重熙二十一（1052年）辽兴宗祭祀齐天皇后时命朝中儒臣赋诗，杜防夺冠被赐予金带；杜防老年嗜酒，辽道宗即位第二年（1056年）对杜防说"朕以卿年老嗜酒，不欲烦以剧务。朝廷之事，总纲而已。"意思很明了，那就是因为杜防年老嗜酒，耽误政事，只让他挂个官名而已。不过，杜防毕竟是三朝老臣，才华出众很有名气，因此，辽道宗还是任命他为右丞相、加尚父，不久病逝。

赵徽　辽南京人，辽兴宗重熙五年（1036年）科举中第出仕累官至大理正；辽道宗清宁二年（1056年）迁官翰林学士；咸雍三年（1067年）因政绩显著累官至参知政事、武定军节度使、同知枢密院事；大康元年（1075年）出任南府宰相，后致仕而卒。

辽代釉陶钵

辽代陶扁壶

耶律喜孙 字盈隐，辽圣宗朝曾任时在藩邸的辽兴宗老师，被辽圣宗元妃萧耨斤所收买，成为其在宫中的底线，监视齐天皇后萧菩萨哥的日常行为；辽圣宗病逝后（1031年），喜孙按照元妃萧耨斤的意思诬告齐天皇后等人谋逆，导致齐天皇后被杀，萧耨斤摄政后更加重视喜孙，但喜孙看不惯萧耨斤滥杀无辜的行为，又帮助辽兴宗囚禁萧耨斤夺回了皇权，以功出任南府宰相，后改任东北路详稳病逝。

萧塔列葛 字雄隐，五院部人，其家族在契丹遥辇汗国时期是迭剌部耶律氏家族的仆人，其先祖只鲁因跟随辽太祖四世祖耨里思在对安禄山的战争中立有战功，从而以功担任北府宰相，其家族还取得了世选北府宰相的特权，并与迭剌

辽鎏金生肖奏乐图佩饰

辽鎏金铜马后鞦饰

契丹皇族婚姻

辽朝建国之前，契丹人实行的是族外婚制。《契丹国志·族姓原始》说："契丹部族本无姓氏，惟各以所居地名呼之，婚嫁不拘地里。至阿保机变家为国之后……仍以所居之地名曰世里著姓。""世里"译成汉语就是耶律，即皇帝之姓，皇后姓述律氏，辽初赠姓萧，成为后族之姓。皇族耶律氏只与后族萧氏通婚，不限尊卑，但两个部落之间通婚须得到皇帝的认可才可行。但两族以外的婚姻，则不受此限制。

部的耶律氏家族通婚，跻身于辽廷显贵之列。塔列葛在辽圣宗开泰年间出仕累迁官为西南面招讨使，重熙年间历任右夷离毕、同知南京留守、左夷离毕、东京留守，重熙十九年（1050年）担任北府宰相，第三年（1052年）改任南京统军使病逝。辽兴宗一朝（辽重熙年间）是拔里氏国舅帐少父房的又一辉煌时期，萧氏（以萧孝穆为代表）诸兄弟握政，几乎把持了辽廷北南两院枢密使及北府宰相之权，兄弟几个轮流坐庄，只有萧塔列葛1人在这期间出任北府宰相，这一方面说明萧塔列葛是一个很有能力的人，另一方面也反映了萧塔列葛是皇权的忠实维护者，从而被辽兴宗选中，用以抗衡萧氏诸兄弟们的权势。

萧德 一名涂勃特、唐古，字特末隐，楮特部人，辽圣宗太平年间出仕累官为契丹行宫都部署；辽清宁元年（1055年）迁升同知北院枢密使，封鲁国公；三年（1057年）拜南府宰相；五年改任南京统军使；九年复任南府宰相，时耶律重元父子在太子山起兵造反，萧德与耶律仁先等奋力平叛，阵斩叛乱头子涅鲁古（耶律重元之子）头颅，为最终平定叛乱立下首功，晋封汉王；咸雍三年（1067年）致仕，七十二岁病逝。

萧术哲　一名术者，字石鲁隐，萧孝穆之侄，重熙年间累官至西南面招讨使，曾多次率兵征讨西夏；清宁初年历官国舅详稳、西北路招讨使，因私取官粮被免官，不久复起用为昭德军节度使、北院宣徽使；清宁九年（1063年）复任西北路招讨使，镇守西北部颇有政绩晋封柳城郡王；咸雍二年（1066年）拜北府宰相，因得罪耶律乙辛，半年后被贬为武定军节度使，不久病逝。

张孝杰　辽建州（今辽宁朝阳）人，幼时家里贫穷，张孝杰坚持读书，于重熙二十四年，即辽道宗即位皇帝的同一年考取进士第一，与辽道宗结了个好缘。张孝杰本是奸佞之人，能说会道，阿谀奉承，从而得到喜欢听阿谀奉承话的辽道宗的赏识，历任枢密直学士、惠州刺史（因奏事有误被贬）、复任枢密直学士、参知政事、同知枢密院事（1067年）、工部侍郎、封陈国公、北府宰相（1074年），与时任北院枢密使的耶律乙辛党附在一起，成为汉臣在辽廷为官者中的最崇贵之人；大康元年（1075年）太子耶律浚开始处理朝政，张孝杰与耶律乙辛的权力受到限制，为了整倒太子，两人联手制造了"皇后太子冤案"。耶律乙辛设计找人仿照皇后萧观音所作《回心院》写了一首《十香词》送给皇后萧观音抄写，皇后萧观音在抄写完《十香词》后，有感而发又和了一首《怀古》诗，诗中"宫中只数赵家妆"、"惟有知情一片月"两句中含有"赵惟一"（宫中乐师的名字）三字，耶律乙辛立即"邪心大发"，让张孝杰拿着这首《怀古》诗去给辽道宗解诗；张孝杰按照耶律乙辛的意思，对辽道宗说诗中含有"赵惟一"三字，就是皇后萧观音与宫中乐师赵惟一偷情的证据；辽道宗经常

辽代墓志

与张孝杰在一起赋诗作对，对其文才很是赏识，对他的话深信不疑，便让耶律乙辛与张孝杰一起审讯皇后萧观音，结果是原告审被告，不审自明，皇后萧观音立即被赐死；张孝杰因"破案"有功被赐予国姓"耶律"，随后他又与耶律乙辛将太子耶律浚杀害，又因"功"被赐名仁杰（意比唐朝狄仁杰），从此有了一个契丹名字耶律仁杰，也更加狂妄，贪赃枉法，大肆受贿，甚至在公开场合扬言"没有一百万两黄金，跟宰相之家不够相称。"辽大康五年（1079年）耶律乙辛倒台，张孝杰随之被贬出朝堂任武定军节度使（1080年）；因违背朝廷禁令，私改圣旨，私贩食盐，以中饱私囊，被削职为民（1081年）迁到金肃州（今内蒙古准格尔旗西北），数年后迁归家乡（辽宁朝阳市境内）病死。辽天祚帝即位后为"皇后太子冤案"平反，张孝杰被刨坟剖棺戮尸，家族成员全部被籍为奴隶，分赐给群臣。张孝杰与耶律乙辛制造的"皇后太子冤案"是终辽

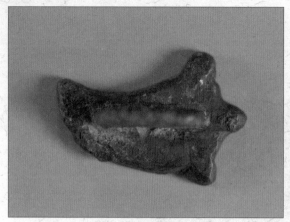

辽代铜花押印

辽铜鎏金宝顶

与朝中一些有识之士想利用暗杀手段除掉耶律乙辛，结果事败被逮捕，因证据不足而被释放。这件事对萧余里也的触动很大，开始党附耶律乙辛成为其死党，被提拔为国舅详

一世最大的宫廷冤案，激化了辽廷统治集团内部矛盾，从而加速了辽王朝的衰亡。

萧余里也 字讹都椀，萧孝穆之孙、萧阿刺（被辽道宗杀死于朝堂上之人）之子，因是贵戚（辽兴宗皇后、辽道宗母亲萧挞里是萧余里也的姑母）之故，于重熙年间出仕为官，辽道宗朝初期任补祗候郎君，娶辽兴宗次女为妻拜驸马都尉，累迁官至南面林牙；辽清宁三年（1057年）其父萧阿刺受萧革陷害被贬为东京留守，萧余里也也受到父亲的牵连被贬为奉先军节度使；九年（1063年）萧革

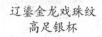

辽鎏金龙戏珠纹
高足银杯

参与耶律重元父子叛乱被诛，萧余里也于第二年回朝任北面林牙，开始时对耶律乙辛的擅权行为看不惯，

稳；大康元年（1075年）太子耶律浚开始处理朝政，耶律乙辛的权力受到限制，为了整倒太子制造了"皇后太子冤案"，萧余里也参与其中，皇后萧观音被杀害后，萧余里也因"功"被封辽西郡王（1076年）、北府宰相兼知契丹行宫都部署事（1077年），太子耶律浚被杀害后，萧余里也又因"功"知北院枢密使事。萧余里也有两个侄女，一个叫萧坦思是辽道宗的皇后，一个叫萧斡特懒（后来进宫与姐姐萧坦思一起侍候辽道宗）是耶律乙辛的儿媳妇，他依仗这两个侄女与耶律乙辛党附在一起弄权朝中，甚至不把皇帝辽道宗放在眼里，随便褒贬；大康五年（1079年）耶律乙辛被辽道宗抛弃贬为知南院大王事，萧余里也因党附耶律乙辛也被贬出朝堂为西北路招讨使，因母亲病逝去官回家，后病死家中。

耶律燕哥 字善宁，辽太祖异父同母弟耶律苏八世孙，即季父房皇族人，辽道宗朝累官至北面林牙，是一个狡猾奸佞之人，他见耶律乙辛擅权朝政，便与其党附在一起，成为耶律乙

辛的死党，参与制造"皇后太子冤案"；耶律乙辛被贬为中京留守后（1076年），耶律燕哥则成为其在朝中的耳目，通风报信，传递消息，从而使耶律乙辛间接地控制着朝政；耶律乙辛官复原职后（1076年），耶律燕哥被提拔为左夷离毕，参与制造"太子案"，并亲自审讯太子耶律浚；太子耶律浚见耶律燕哥主审自己，认为两人同为一祖（辽太祖父亲）之后，有血缘关系，便哀求说"皇帝就我这么一个儿子，现又被立为储君，我还有什么所求，去做'谋反夺位'的事呢？你与我是兄弟，念在我是被冤枉的份上，请把我的意思告诉父皇。"耶律燕哥对耶律乙辛死心塌地，不仅没有同情太子，而且还按照耶律乙辛的意思谎报太子已经招供，从而导致太子被害，因"功"被提拔为契丹行宫都部署（1077年）、南府宰相（1079年）；耶律乙辛被贬知兴中府事后（1080年）仍然胆大妄为，私自将官府的东西卖给外族人以图暴利，结果被人告发，辽道宗命司法部门以法给乙辛定罪，司法部门依据法律定乙辛死罪，耶律燕哥时任南府宰相，极力为其开脱，劝说辽道宗把耶律乙辛列入减免死刑之列，辽道宗则听信其言只是处耶律乙辛铁骨朵击打之刑囚于来州（今辽宁省绥中县境内）了事；由于辽道宗在处理耶律乙辛案件时有意回避"皇后太子案"，因此，耶律燕哥在耶律乙辛倒台及被处死后仍然位居显位，大康八年（1082年）改任惕隐，后又改任西京留守（1087年）致仕，辽道宗朝末病死。

耶律铎鲁斡　字乙辛隐，季父房皇族人，辽道宗咸雍年间累官至同知南京留守事，大康年间历任西南面招讨使、北面林牙、左夷离毕，大安五年（1089年）出任南府宰相，寿昌初年（1095

辽代仓式陶骨灰罐

年）致仕。耶律铎鲁斡廉洁从政，生活节俭，为人仗义，政绩显著，口碑载道，被列入《辽史》能吏传。

杨遵勖　字益诚，涿州人，辽重熙十九年（1050年）科举出仕累迁官至枢密院副承旨，任职期间阅读文书一目五行，处理政务效率极高，政绩颇佳，累提官至南府宰相（1076年），当时耶律乙辛制造"皇后冤案"杀害皇后萧观音后，又制造"太子冤案"诬陷太子，杨遵勖与耶律燕哥负责审讯太子，明知太子冤枉也不敢为太子说话，从而附和耶律乙辛杀害了太子，被耶律乙辛提拔为北府宰相（1078年），不久突然暴病而死。杨遵勖虽然没有为太子说话而受到时人的褒贬，但就当时的形势而言，耶律乙辛已经当了辽道宗大半个家，谁敢出来为太子说话就有可能被牵涉进"太子案"中而遭祸，杨遵勖自然也不例外，因此史籍并没有因为他的这一"污点"而完全否定他的政绩，仍然把他列入《辽史》能吏传。

王棠 涿州人，博通历史，擅长作文，重熙十五年（1046年）科举考中进士第一出仕累官至东京户部使；大康二年（1076年）东京地区饥荒，人多饿死，王棠上书辽廷请求赈灾被采纳，从而救了很多人的命，因功于第二年出任枢密院副使，大安元年（1085年）出任南府宰相，大安年末病逝（1094年）。王棠出任南府宰相前后正是耶律乙辛擅权朝政，制造"皇后太子冤案"期间，王棠能够为政勤快，为民请命，秉公办事，政绩颇佳，实在也是难得，因此被列入《辽史》能吏传。

萧常哥 一名萧义，字胡独堇，乙室已氏国舅帐人，开国宰相萧敌鲁后人，身材魁梧，寡言少语，30多岁才开始出仕为官，累官至松山州刺史；寿昌二年（1096年）因女儿萧师姑嫁进宫中为时在藩邸的天祚帝之妃，提升任永兴宫使，萧师姑生下皇子耶律挞鲁后（1097年），常哥又被提拔为南院宣徽使、汉人行宫都部署；天祚帝

辽代白釉盘

朝初期加太子太师、出任国舅详隐，乾统二年（1102年）改任辽兴军节度使；五年（1105年）提拔为北府宰相。萧常哥因女儿萧师姑为天祚帝妃并生下皇子之故而仕途走红，出任北府宰相，因此随着萧师姑母子相继离世（1104年），他的仕途也再没有什么起色，天庆元年（1110年）致仕病逝，终年73岁。萧常哥墓葬已经在辽宁法库县境内发现，并出土了墓志。

耶律淳 小字涅里，清宁九年（1063年）出生，辽兴宗嫡孙，辽道宗之侄，幼时养于宫中，笃好文学，是辽兴宗诸孙子中比较有才干的一人；大康三年（1077年）耶律乙辛杀害太子耶律浚后又想排斥皇孙耶律延禧（天祚帝），便提出立耶律淳为储君，在朝中忠直大臣们的反对下才没有得逞，耶律乙辛倒台后，耶律淳虽然没有参与立储之事却也受到牵连，被贬出朝堂任彰圣等军节度使，受到辽道宗的冷落；一直到天祚帝即位（1101年）耶律淳才重新受到重视晋封郑王，第二年出任东京留守晋封越国王（1102年），六年拜为南府宰相、晋封魏国王；十年接替父亲和鲁斡（病逝）出任南京留守；天庆五年（1115年）天祚帝东征阿骨打失败后，耶律章奴等人图谋废掉天祚帝拥立耶律淳为皇帝以拯救岌岌可危的辽王朝，耶律淳不敢答应并杀掉耶律章奴的信使投奔天祚帝请罪，天祚帝对耶律淳更加信任，晋封其为秦晋国王，拜都元帅，赐金券，免汉拜礼，命其组建部队东征，耶律淳授命组织了一支东征部队，起名叫"怨军"，结果两次东

辽代手铐

征都以失败而告终；保大二年（1122年）天祚帝留耶律淳驻守南京后逃进夹山避难，与耶律淳一起留守南京的李处温、萧干、耶律大石等人拥立其建立北辽政权，耶律淳即位北辽皇帝后，上尊号曰天锡皇帝，建年号为建福元年，将天祚帝降为湘阴王，把国家一分为二与天祚帝分别统治，为图自保分别向北宋和金求和，在遭到两边的拒绝后，竟然一病不起，两个月后病死。

张琳 辽沈州（今辽宁沈阳）人，幼有大智，辽道宗寿昌年末累官为秘书中允，天祚帝朝初期迁官为户部使，乾统四年（1114年）升任南府宰相，天庆五年（1115年）辽兵在出河店被金兵打败后，天祚帝任命张琳负责东征事宜，张琳本是汉臣又不知兵，自知不能胜任便百般推辞，不料天祚帝还就认准了他，张琳见推辞不掉，便在上京、中京、长春州、辽西等地组织了四路大军，结果没等全部开赴战场，其中一路大军在黄龙府附近便被金兵打败，其他几路也都自行解散；六年（1116年）辽东京渤海人高永昌占领东京城建立独立政权，张琳又授命领兵前去征讨，结果兵败被免职；保大二年（1122年）天祚帝逃进夹山避难，命李处温和张琳辅佐耶律淳留守南京，李处温为了攫取更高的权力，便找到张琳让其一起拥立耶律淳当皇帝，建立独立政权，张琳开始时不干，认为耶律淳摄政可以，建立独立政治当皇帝不行，在李处温强硬坚持下，张琳只好顺水推舟，耶律淳建立北辽政权后，诸将多争实权，张琳只要了个守太师的虚职，不久抑郁而死。

六、辽王朝北、南大王院大王

辽太祖建国后，为了保证皇权在自己子孙中传承，将迭剌部耶律氏家族中高祖耨里思以下、祖父匀德实以外的家支分为北院（亦称五院）、南院（亦称六院）两个部落，称为二院皇族，分设夷离堇统之；辽太宗朝将北、南两院夷离堇升为大王，简称北院大王和南院大王，并在辽廷中央政府特设北大王院和南大王院作为北南两院大王官衙；北院大王和南院大王是辽王朝两个特殊职官，既是部落（五院部和六院部）首领又是朝廷命官（北大王院大王和南大王院大王），是辽廷中央政府第三层次领导机构（第一层次为北南两枢密院、第二层次为北南两宰相府），同时也是皇权的忠实维护者，《辽史》为北院大王立传28人：耶律曷鲁、耶律斜涅赤、耶律觌烈、耶律图鲁窘、耶律鲁不古、耶律屋质、耶律何鲁不、耶律洼、耶律室鲁、耶律休哥、耶律合里只、耶律盆奴、耶律的琭、耶律韩八、耶律侯哂、耶律

辽高足玻璃杯

海里、耶律化哥、耶律那也、耶律世良、耶律特么、耶律仙童、耶律仁先、耶律阿思、耶律撒剌、耶律辖底、耶律迭里特、耶律剌葛、耶律合鲁；为南院大王立传16人：耶律颇德、耶律吼、耶律迭里、耶律挞烈、韩制心、耶律勃古哲、耶律磨鲁古、耶律斜轸、耶律善补、耶律颇德、耶律化哥、耶律弘古、耶律敌烈、耶律谷欲、耶律吾也、耶律朗。这些人或出生于或祖籍为辽上京，是名副其实的辽上京人，现将他们简介如下（其中与北南院枢密使、北南府宰相及两大王交叉任职10人不再重述）。

耶律辖底 字涅烈衮，南院部皇族人，阿保

辽长颈铜壶

机二伯祖帖剌（前文有传）之子，契丹遥辇氏汗国末期帖剌家族（六院皇族）中的代表人物，为人奸诈而善于辩论，身边聚拢着一帮奸佞之人。阿保机三伯父释鲁（前文有传）担任于越期间，辖底异母弟罨古只被推举为迭剌部夷离堇，辖底与释鲁设计在罨古只举行再生礼时抢先再生，从而从异母弟手中夺取了迭剌部夷离堇之职，与释鲁同知国政；罨古只不服遂联络释鲁之子滑哥和萧台哂家族将释鲁杀害，辖底吓得跑到渤海国躲藏起来。时任挞马狘沙里的阿保机侦破案件将罨古只三族籍为奴隶，并被推举为迭剌部夷离堇稳定住局势，辖底才回到迭剌部，仍然是帖剌家族中的代表人物；遥辇氏汗国最后一任可汗痕德堇病逝时留下遗命，把汗权让给阿保机，但阿保机鉴于帖剌家族势力便把汗权让于辖底，辖底自知能力不如阿保机，便辞说"皇帝圣人，由天所命，臣岂敢当！"阿保机即位契丹可汗后（907年），为了安抚辖底家族，任命辖底为于越，其子迭里特为迭剌部夷离堇；辖底有强大的家族势力做后盾，不甘心只担任于越和掌握迭剌部夷离堇之权，遂起觊觎汗位之心，他知道自己不是阿保机的对手，便在随后的几年间鼓动阿保机诸弟三番五次起来图谋汗位，以期再从诸弟手中夺取汗权，结果均以失败而告终；辽太祖七年（913年）辖底又鼓动诸弟以兵叛乱，最终失败被诛。

耶律迭里特 字海邻，耶律辖底之子，有臂力，擅长骑射，马失前蹄还能立地不倒而射中目标，尤其擅长医术，给人看病，如隔纱睹物；阿保机担任可汗后，迭里特出任迭剌部夷离堇，成为耶律氏取代遥辇氏执掌契丹汗权后迭剌部的第一任夷离堇；开始的时候，迭里特对阿保机比较忠心，有一次阿保机患了心痛病，迭里特用针灸

之术将其病治好；不过，随着时间的推移，迭里特也不满足于夷离堇之职，开始与父亲辖底一起觊觎汗位；辽太祖五年（911年）迭里特与父亲辖底鼓动诸弟图谋汗位事败，被免去迭刺部夷离堇之职，由此对阿保机更加怀恨在心，在随后的两年间，与父亲辖底多次鼓动诸弟图谋汗位均以失败而告终；辽太祖七年（913年）迭里特与父亲辖底鼓动诸弟以兵叛乱，最终失败与父亲辖底一起被诛。

耶律剌葛　字率懒，季父房皇族人，阿保机二弟；阿保机担任契丹可汗后设置大惕隐司管理汗族政务，剌葛出任首任大惕隐司惕隐，在率领本部兵马对外征伐中颇有战功；按照契丹传统的选汗制度，契丹可汗三年一选，届时召开选汗大会选举新可汗，阿保机诸弟及伯叔侄等都有担任可汗的资格，剌葛在诸兄弟中行二，如果大哥阿保机履行可汗三年一代祖制，他就是可汗的不二人选，因此自从阿保

辽代伎乐人石雕像

机担任契丹可汗的第一天起，他便盼望着阿保机履行可汗三年一代祖制，以便自己早一点执掌汗权。不料，阿保机担任可汗三年期到并没有举行选汗大会，剌葛心里很是不满，在辖底父子及有关显贵的鼓动下，遂于阿保机担任可汗的第五年（911年），即阿保机担任契丹可汗第二个任期届满的头一年，与诸弟秘密活动，准备在下年召开可汗换届选举大会，把汗权抢到手中，结果事泄被抓；阿保机念及兄弟之情没有治诸弟的罪，而是利用契丹原始的萨满教让诸弟刑牲，对天发誓不再谋取汗位了事，为了进一步打消诸弟觊觎汗位之心，阿保机任命剌葛接替迭里特担任了迭刺部夷离堇；剌葛担任迭刺部夷离堇之后，并没有打消攫取汗权的野心，在辖底等显贵的鼓

辽錾花铜盆

辽铜铃

ZOU JIN QIAN NIAN LIAO SHANG JING

动下，于第二年（912年）率领迭剌部兵马逼阿保机让出汗权，结果再次失败；剌葛仍不死心，于第三年（913年）又联合诸弟、辖底等迭剌部及其他部落显贵发动了大规模的叛乱，想以此夺取汗权，结果再次失败被俘；阿保机仍然念及兄弟手足之情，只是将辖底等显贵处死，又放了剌葛诸弟一马；剌葛虽然保住了性命，但由于没能夺取汗权，心里始终郁闷不乐；辽神册元年（916年）阿保机仿效中原帝制开国称帝，册封长子耶律倍为太子，建立了皇权父子世袭制度，剌葛见夺取皇权无望，遂于辽神册二年（917年）趁随军南下攻打幽州之机携子投奔了晋王李存勖，后又投奔了汴京朱梁政权；辽天赞二年（923年）李存勖攻破汴京灭亡朱梁政权，剌葛父子在汴京被俘受诛。剌葛后人墓葬分别在巴林左旗（其八世孙耶律习涅墓葬）、元宝山区（其五世孙耶律昌允墓葬）发现，并出土了墓志。

耶律曷鲁 字控温，一字洪隐，南院部皇族人，帖剌（阿保机二伯祖）之孙，辖底之侄，父亲偶思曾担任迭剌部夷离堇，人称金云大王。曷鲁长阿保机一岁，两人是一爷之重孙，耿直忠厚，文武双全，是帖剌家族（六院皇族）中的优秀人物，从小与阿保机一起长大，两人互换裘马结为金兰兄弟；曷鲁在阿保机任挞马狘沙里时便与其一起参与部族事务，成为阿保机的得力佐手，特别是在阿保机侦破三伯父于越释鲁被害案件、将杀害释鲁的罨古只等三族籍为奴隶后，曷鲁怕阿保机由此得罪人遭到政敌的暗害，日夜跟随在其身边保护其安全；阿保机担任迭剌部夷离堇后，曷鲁数为先锋随其东征西讨，战功卓越；在阿保机攫取汗权的过程中，曷鲁更是居功至伟；阿保机担任可汗后让曷鲁接替自己担任迭剌部夷离堇，曷鲁为了保护阿保机的人身安全而加以推辞，并出任阿保机腹心部首领，总宿卫继续保护其安全；辖底鼓动诸弟三番五次图谋汗权，曷鲁则尽职尽责在保护阿保机人身安全的同时，

辽代墓志

辽代陶仓廪式骨灰罐

指挥军队最终将诸弟叛乱平息，保证阿保机汗权不失；诸弟叛乱被平息后，曷鲁出任迭剌部夷离堇，并被授予总知军国事之特权，辅助阿保机诛杀七部酋长复统八部，进而开国称帝；契丹国家建立后，曷鲁被拜为阿鲁敦于越（916年），成为辽王朝的开国于越；辽神册二年（917年）曷鲁率领先锋部队打败幽州节度使周德威进而兵围幽州二百日，后因攻城不果而回；第二年在皇都城建成的当天病逝（918年），终年47岁；阿保机深为悲痛，痛哭流涕

辽墓壁画"奏乐图"

道："曷鲁如果再活三、五年，我的谋划就会全部实现。"辍朝3日，赐曷鲁之墓为"宴（安）答"，即挚友之意，安葬曷鲁之山为于越峪，立石铭记其功绩。曷鲁是契丹建国初期重要的政治人物，是阿保机攫取汗权、开国称帝的第一功臣，也是迭剌部耶律氏家族中对阿保机帮助和支持最大的人，列辽太祖二十一位佐命功臣之首，被比拟为"心"。曷鲁之弟耶律羽之墓葬已经在阿鲁科尔沁旗朝格图山发现，据考证是羽之家族墓地，但并没有发现曷鲁之墓。

耶律觌烈　字兀里轸，曷鲁之弟，早期与兄长曷鲁一起跟随在辽太祖身边，深受重用；曷鲁病逝后，觌烈接替兄长出任迭剌部夷离堇，率领迭剌部兵马为先锋随太子耶律倍征讨西南党项诸部中立有战功；辽天赞元年（922年）辽太祖将迭剌部析分为五院、六院，觌烈出任六院部首任夷离堇（南院大王），与新任契丹天下兵马大元帅耶律德光（辽太宗）分兵攻掠燕云之地，大获而还；辽赞四年（924年）率领六院部兵马随辽太祖东征渤海国，攻取扶余府后，觌烈与辽太祖

99

走进千年辽上京

辽静安寺佛塔

辽三彩香薰

四弟寅底石率兵镇守扶余府；辽太宗即位将原渤海国民众迁到辽东升辽阳为东京，觌烈率兵镇守东京，辽赞十年（927年）病逝任上，终年56岁。

耶律斜涅赤 字撒剌，南院部皇族人，早隶辽太祖幕下，辽太祖担任可汗后，斜涅赤担任腹心部首领，与曷鲁等一起负责辽太祖的安全保卫工作；天赞元年（922年）辽太祖将迭剌部分为五院、六院，斜涅赤担任五院部首任夷离堇（北院大王）；三年（924年）率领本部兵马随辽太祖西征，西征结束后又随辽太祖东征渤海国，身先士卒攻破渤海国首都忽汗城，列辽太祖二十一位佐命功臣之一；辽天显年间病逝，终年57岁。

耶律安端 字猥隐，季父房皇族人，辽太祖

辽代"乾统元宝"铜币

五弟，辽太祖担任可汗后，剌葛诸弟三番五次起来图谋汗权，安端也参与其中，因年龄最小且属于附和人物，不仅没有被治罪而且还最先得到重用，辽神册三年出任大内惕隐（918年），与大嫂述律平和侄儿耶律德光保持着亲密关系；天赞四年（925年）安端率领本部兵马跟随大哥阿保机东征渤海国，攻取扶余府之后，又与阿古只（前文有传）率一万精骑为先锋奇袭渤海国首都忽汗城，为最终灭亡渤海国立下首功；辽太祖病逝于扶余城外后，述律平为了让次子耶律德光继承皇位，大开杀戒，迭剌、寅底石、苏三兄弟都被杀掉，安端因与大嫂关系好且拥护侄儿耶律德光继承皇位，不仅保住了性命，而且得以辅佐耶律李胡一起权知东丹国政；天显四年（929年）又因拥立之功接替耶律斜涅赤（病逝）为北院大王晋封伟王；

辽代高僧封高官

　　辽代皇族原来信仰萨满教，后在渤海和中原文化的熏陶下，皈依了佛教，而且甚为笃信。信佛的皇帝对高僧十分尊崇，甚至为他们授爵赐官。辽代皇帝赐授僧侣之官职主要有两类：一是官高爵显但没有多少实权的"师"、"傅"类官职，如圣宗朝的高僧非觉，因"导圣宗之故，累官至定武军师"；圆融大师为"守太师兼侍中"。这一类僧官品级虽高，一般不直接参与朝政。第二类官职是有职有权的宗教总管类官员。崇佛的辽朝，佛寺广布、僧尼众多，朝廷封授大德高僧以官职，让其管理寺院、僧侣。

会同五年（942年）安端出任西南路招讨使，六年（943年）率辽西路军自雁门南下伐晋，结果兵败太原；九年（946年）随辽太宗南下伐晋途中因病返回；大同元年（947年）辽太宗病逝镇州城外，辽世宗军中即位皇帝与祖母述律平争夺皇权，时安端正在家中养病，得知这一消息后很是着急，不知是拥立侄儿辽世宗，还是支持大嫂述律平，在儿子察割的建议下最终选择了拥立侄儿辽世宗，率领本部人马南下投奔辽世宗，并出任先锋在南京（今北京）北打败李胡的兵马，辽世宗打

辽石雕佛像

辽代铜花押印

辽代亚字型规矩铜镜

败祖母述律平和三叔李胡之后，安端以拥立之功晋封明王主政东丹国政，后又改任西南面大详稳；辽天禄五年（951年）察割叛乱杀害辽世宗，安端受到牵连被辽穆宗免职放归家中，应历二年（952年）病逝。

耶律迭里　孟父房皇族人，辽太祖二伯父严木之孙，耶律安抟（前文有传）之父，幼时多病，辽太祖时为挞马狘沙里时对其多有照顾，神册六年（921年）任大内惕隐，率领本部兵马参加了辽太祖征服西鄙诸部的战争，因功升任南院夷离堇（924年），天赞四年（925年）率南院兵马参加了东征渤海国战争，辽太祖病逝于扶余城外时（926年），迭里还率军在渤海地区平叛，待叛乱平息后才返回皇都，他见述律平欲废掉太子耶律倍而立次子耶律德光为皇帝，便站出来反对，提出应该由太子耶律倍继承皇位，由此触怒了述律平被逮捕入狱，迭里在狱中经受炮烙极刑始终坚持自己的观点，最终被杀，家人也被籍为奴隶。

耶律颇德　字兀古邻，南院部皇族人，斜涅赤之侄，不到20岁便跟随在辽太祖身边，历任左皮室详稳、南院部夷离堇；天显十一年（936

年）颇德率本部兵马参加了辽太宗南下伐后唐扶植儿皇帝石敬瑭的战争，作战勇敢，战功显著；会同元年（938年）辽太宗升北院、南院两部夷离堇为大王，颇德因功出任首任南院大王，并加采访使；颇德性格耿直忠厚，敢于直言，辽太宗将北院、南院夷离堇升为大王后，有人建议横帐三父房皇族地位要高于北南两院皇族，辽太宗召开臣僚会议廷议此事，大多数人都认为应该这样，只有颇德反对说，横帐三父房与二院皇族都是臣属，地位怎么能分高低呢？辽太宗最终采纳了颇德的意见；颇德病逝于会同年间，终年49岁。

耶律图鲁窘　字阿鲁隐，北院部皇族人，勇敢而有谋略，辽天显十一年（936年）辽太宗南下扶植儿皇帝石敬瑭，图鲁窘父亲耶律敌鲁古时为五院部夷离堇，率领本部兵马随军南下战死疆场，图鲁窘在战场上接替父亲为五院部夷离堇，指挥本部兵马继续作战；会同元年（938年）辽太宗将燕云十六州划入契丹版图，升五院部夷离堇为大王，图鲁窘出任首任北院大王，被辽太宗所倚重，常常屏退侍从，单独与图鲁窘商议大事，会同六年（943年）辽太宗开始举兵南下讨伐只称孙不称臣的后晋皇帝石重贵，图鲁窘率本部兵马

辽代铁铲

辽击腰鼓人物玻璃饰物

辽玛瑙杯

参加了对后晋的战争；会同九年（946年）辽太宗再次出兵伐后晋，辽兵与后晋杜重威大军对峙于滹沱桥不能前进，辽太宗征求诸将对部队下一步行动方案，多数将领认为应该暂缓攻势，图鲁窘则认为如果放缓攻势，后晋大军必然乘机进攻，南京也有失陷的危险，应该发挥契丹骑兵优势派轻骑断后晋粮道以乱晋军之心，然后挥军进攻必然取胜，辽太宗采纳这一建议，最终迫使杜重威率军投降，进而灭亡了后晋政权，图鲁窘于第二年春天病逝（947年）。

耶律洼　字敬荜，仲父房皇族人，辽太祖三伯父于越释鲁之孙，少年时便显示出超人的气度，辽太祖朝虽然没有出仕为官，却也常常被委以重任；辽太宗即位后耶律洼出任大内惕隐，辽太宗率军南下扶植儿皇帝石敬瑭，耶律洼担任先锋战功显赫，后接替图鲁窘为北院大王；会同九年（946年）辽太宗举兵讨伐只称孙不称臣的石重贵，耶律洼率北院兵马再为先锋，为最终灭亡后晋政权立下战功；辽太宗突然病逝于镇州（今河北正定）城外，没有指定皇位继承人，诸部酋长

及领兵将领害怕述律平的威严而不知选谁为新皇帝，耶律洼主动与南院大王耶律吼商议，决定拥立辽世宗为新皇帝，并说服诸部酋长及将领最终把辽世宗扶上皇位；耶律洼因功被辽世宗拜为于越，不久病逝，终年54岁。

耶律吼　字曷鲁，南院部皇族人，忠厚好施，会同六年（943年）接替耶律颇德出任南院大王，为政清廉节俭，时人不敢因其年轻而轻视他，石敬瑭死石重贵即位对辽只称孙不称臣，耶律吼建议辽太宗出兵伐晋，以教训石重贵之不恭；会同九年（946年）辽太宗出兵伐晋，耶律吼率南院兵马随征立有战功，辽兵攻入汴京后，多数将领都借机抢夺府库里面的财宝，耶律吼只取了铠甲之类，从而得到辽太宗的嘉奖；辽太宗病逝于镇州城外没有指定皇位接班人，耶律吼与北院大王耶律洼说服诸部酋长拥立辽世宗即位皇

辽绿釉长颈盖瓶

走进千年辽上京

辽鎏金凤衔珠银舍利塔

辽世宗被耶律吼的举止所感动，便答应了他的要求；辽天禄三年（949年）耶律吼病逝，时年30岁。

耶律鲁不古　字信宁，季父房皇族人，辽太祖从侄（应为辽太祖亲侄，即辽太祖二弟剌葛之子，见前文耶律习涅墓节），辽太祖朝因创制契丹大字有功出仕为林牙、监修国史（922年），后改任西南面大详稳，征讨党项叛部有功；天显十一年（936年）石敬瑭派信使以称儿割让燕云十六州为条件结契丹为外援以图中原皇位，时鲁不古正镇守西南边境，把石敬瑭的信使护送到上京见到辽太宗，后又率本部兵马随辽太宗南下征伐后唐、扶植儿皇帝石敬瑭立有战功；辽世宗在军中即位北上与祖母述律平争夺皇权，鲁不古帮助辽世宗打败述律平李胡母子，因功被拜为于越，提拔为北大王、兵马大元帅，天禄年末（951年左右）病逝。鲁不古后人墓葬在巴林左旗乌兰达坝苏木浩尔吐嘎查小罕山及阿鲁科尔沁旗沙尔温都尔山附近发现，并出土了墓志。

耶律朗　字欧新，南院部皇族人，祖父耶律罨古只是契丹建国前杀害辽太祖三伯父于越释鲁三凶手之一，其家族被籍为奴隶，至耶律朗时其家支中没有担任过北南大王的人；耶律朗性格

帝，因功加封采访使，并赐予大量珍宝，耶律吼却推辞不要珍宝，请求赦免被籍为奴隶的族人，

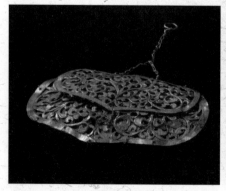

辽镂花金香囊

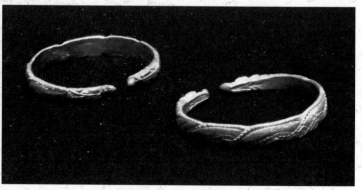

辽双龙纹金手镯

辽代陶扑满器

辽代玉雕饰件

轻佻，有勇力，辽会同九年（946年）随辽太宗南下伐后晋，攻下澶洲后主持当地政务，负责巡守黄河；辽太宗从汴京北返病逝途中，辽世宗即位后北上与祖母争夺皇权，中原逐渐被刘知远所占有，耶律朗无力守卫澶州只好弃城返回契丹；辽世宗打败祖母和三叔李胡坐稳龙椅后，耶律朗被提拔为南院大王，成为家支中担任此职的第一人；天禄五年（951年）察割在祥古山起兵叛乱时，耶律朗首鼠两端，既没有参与察割叛乱，也没有率兵平叛，辽穆宗即位后以耶律朗首鼠两端将其处斩。

耶律屋质　字敌辇，孟父房皇族人，博学多才，城府很深，处事从容，辽太宗会同年间官至惕隐，大同元年（947年）辽世宗与祖母述律平潢河对峙争夺皇权，时耶律屋质在述律平军中，见祖孙两人互不相让，内战一触即发，便说服述律平与孙子辽世宗议和，并亲自过河与辽世宗见面叙述双方议和之利和交战之弊，经过多次往返

沟通最终促成了祖孙两人和解，避免了辽王朝内战的暴发；述律平回到上京皇都后仍不甘心，又图谋推翻孙子辽世宗的皇位，最终被因于祖陵为丈夫辽太祖守陵，屋质也参与了述律平的活动受到牵连被下狱，不久辽世宗念及屋质之忠心又将他释放；辽天禄二年（948年）耶律天德、萧翰、耶律刘哥等结成反皇集团图谋皇位，屋质得到消息后立即报告给辽世宗，辽世宗并没有认真对待此事，找来几人核实情况，见几人死不承认

辽代铜花押印

105

就将此事放在一边；过了几天，耶律刘哥袖藏匕首准备借给辽世宗敬酒之机行刺，结果当场被辽世宗识破巡捕入下狱，耶律刘哥故伎重演又死不承认，辽世宗平时与耶律刘哥关系很好，便就又想放了他，屋质得知消息后进宫觐见辽世宗，坚决反对释放耶律刘哥，建议让耶律刘哥与有关人员对质，辽世宗见屋质说得有理便让其审讯耶律刘哥，屋质很快将案件审理清楚，使耶律天德、萧翰、耶律刘哥受到应有惩处，从而粉碎了耶律

天德等反皇集团，维护了皇权；第二年（949年）屋质发现察割有图谋皇位之企图，便多次提醒辽世宗要对察割加以防范，而辽世宗对察割信任有加没有理会；辽天禄五年察割在祥古山火神淀起兵叛乱杀死辽世宗，屋质时担任右皮室详稳也在现场，在指挥本部兵马平叛的同时，说服耶律璟（辽穆宗）组织兵马一举将平叛平息，随后又辅佐耶律璟继承帝位，从而稳定住了形势，屋质因功被授予总知军国事之特权，应历五年（955年）提拔为北院大王；此后屋质率领北院兵马驻守西面边境达14年之久，期间他不仅多次出兵援救北汉使其不被中原政权所灭，而且施政得体、政绩显著，被称为"富民大王"；辽景宗耶律贤即位后（969年）为表彰屋质镇守边境的功绩，特拜其为于越；保宁五年（973年）病逝，终年57岁。

耶律挞烈 字涅里衮，南院部皇族人，沉厚多智，40多岁还没有出仕为官，辽太宗会同年间官至令稳，应历初（951年）提升为南院大王，率领南院兵马驻守西南边境长达19年，期间中原的后周及北宋政权多次出兵攻打北汉，挞烈都及时率兵援救，从而保证了北汉政权不被中原政权所灭，不仅如此，挞烈与屋质一样爱民如子，均赋役，劝农耕，辖地社会秩序井然、经济繁荣、百姓富裕，被时人亲切地称为"富民大王"。辽穆宗执政期间嗜酒好猎怠政，而耶律屋质、耶律挞烈两位大王却忠于职守、尽职尽责，外御强敌，内修民政，被百姓称为"富民大王"，这也是辽王朝没有毁在辽穆宗这个"睡王"手上的一个很重要的原因。辽景宗即位后（969年）嘉奖挞烈兼政事令，因年龄关系而致仕；致仕后的挞烈仍然被辽景宗倚为重要谋臣，时常召见问以政事，乾亨初年（979年左右）病逝，终年79岁。

辽上京南塔浮雕

耶律何鲁不　一名曷里必，字斜宁，南院部皇族人，北院大王耶律吼之子，曾与耶律屋质一起参加平定察割叛乱并立有战功，辽穆宗即位后因何鲁不之父耶律吼拥立辽世宗为皇帝之故而不欲重用，一直到辽穆宗朝末期才出任本部敞史；辽景宗即位后（969年）嘉奖何鲁不平定察割叛乱之功，提拔其为昭德军节度使，不久接替耶律屋质为北院大王；保宁七年（975年）黄龙府发生叛乱事件，何鲁不率兵前去平叛，因没有亲自追讨叛军导致叛军首领逃脱，从而受到杖罚，乾亨年末病逝。

耶律勃古哲　字蒲奴隐，南院部皇族人，辽景宗保宁年间官至天德军节度使，因征讨党项诸部有功升任南院大王；辽圣宗即位萧燕燕摄政（982年）向臣僚们征求治国良策，勃古哲上书陈述数条良策，得到萧燕燕母子的赏识，被授予兼领西南面诸州之事；统和四年（986年）宋太宗发三路大军北伐，意欲收复燕云十六州，勃古哲率本部人马迎击宋军有功，被授予总知西面边诸州

辽上京南塔浮雕

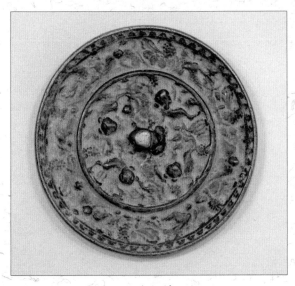

辽代铜镜

事务，期间勃古哲因违法治民被处于杖刑免职；统和八年（990年）出任南京统军使病逝任上。

耶律海里　字留隐，季父房皇族人，辽太祖二弟剌葛之孙，耶律拔里得之子，天禄五年（951年）察割在祥古山火神淀叛乱时，海里的母亲参与了叛乱并派人约海里一起参加，海里没有参加，叛乱平息后，海里的母亲因海里没有参加叛乱而获免；海里性格俭朴，不喜欢名利，以射猎自娱，一直到辽景宗即位才出仕为彰德军节度使，后又迁升为惕隐，任职期满后称病致仕，

阿骨打拒绝跳舞

根据辽朝的制度，皇帝每年年初要到松花江、嫩江一带凿冰捕鱼，然后举办"头鱼宴"。辽天庆二年（1112年）天祚帝在松花江一带钓到一条难得一见的大鱼，便与群臣乘兴开头鱼宴，要求周边千里之内的女真部落首领都要来朝会，阿骨打也按例前来朝见。酒到半酣，天祚帝命令女真酋长为他跳舞助兴，其他部族的首领一一依行，轮到阿骨打时，他端坐不动，以不会歌舞拒绝辽帝的命令。就在天祚帝暴跳如雷的要杀阿骨打时，枢密使萧奉先劝说道："阿骨打是个粗人，不知礼仪，杀了他恐怕其他首领不服。"于是后来建立女真人政权的一代枭雄侥幸逃过一劫。

几年之后又出任南院大王；统和四年（986年）宋太宗发三路大军北伐，海里率本部兵马迎敌有功，赐予资忠保义匡国功臣；海里在南院大王任上十余年，为政宽松，百姓富裕，政绩颇佳，统和十二年（994年）改任上京留守、封漆水郡王病逝。因家里贫穷，辽圣宗特赐予葬具。耶律海里之孙耶律昌允墓葬在赤峰市元宝山区发现，并出土了墓志。

耶律磨鲁古 字遥隐，南院皇族人，有智谋，善骑射，统和初年官至南面林牙；统和四年（986年）宋太宗发三路大军北伐，磨鲁古率本部兵马为先锋随萧燕燕母子御敌，身先士卒，手上中箭，拔掉箭后继续战斗，最后伤重不能参加战斗，又与北府宰相萧继先巡逻边境，以功提拔为北院大王

耶律休哥 字逊宁，仲父房皇族人，辽太祖三伯父于越释鲁之孙，少年时便气度不凡；辽应历十五年（965年）休哥随军征讨室韦、乌古诸叛部有功，被提拔为大内惕隐（968年左右）；辽

乾亨元年（979年）宋太宗乘灭亡北汉之胜威挥兵北上意欲收复燕云十六州，当时辽廷驻守南京部队准备不充分纷纷败退，宋兵很快包围了辽南京城；休哥临危受命，代行北院大王之权率领北院兵马前往救援南京，与耶律斜轸合兵在高梁河击败北宋部队，一战而解了南京之围，休哥身先士卒与宋军搏斗，身受三处重伤，在不能骑马的情况下，驾车追击宋太宗至涿州才返回；稍事休整后，休哥率领本部兵马又随韩匡嗣南下伐宋以报南京被围之仇，两军在满城附近摆开阵势，宋军使用诈降之计引诱辽兵轻敌，以攻其无备，辽兵主帅韩匡嗣不懂军事加之轻敌，就准备相信，休哥则识破宋军诡计，劝韩匡嗣不要轻敌，以免中了宋军的诡计，但韩匡嗣不听执意派人前去受降，休哥见主帅不听自己的意见，便率领本部人马占领有利地形做好了应变的准备，结果如休哥所料，宋军乘辽兵前来受降之机发动进攻，辽兵准备不足立即乱了阵脚被宋军包围，在这个危机时刻，早有准备的休哥率军杀开一条通道，才将

辽代铜镜

桥关后，休哥采取围城打援策略，率领部队多次击败北宋援军，虽然没能攻取瓦桥关，却也给宋军极大的杀伤，辽景宗对休哥更是褒奖有加，抓住休哥的手说："你的勇敢胜过你的名字，如果每个人都如你一样，怎么会打不败宋军呢！"随之拜休哥为于越；辽圣宗即位萧燕燕摄政后（982年），休哥出任南面行军都统，总理南京事务，改革旧弊，推行新策，劝农桑，修武备，南京地区军事经济很快为之一新；统和四年（986年）宋太宗发三路大军北伐，休哥因援军未到，遂采取防御性策略，夜间派轻骑袭击宋薄弱部队，白天派精骑虚张声势以疲惫宋军，同时设伏于林间山道袭击宋军粮草，宋东路军在休哥袭扰下进至涿州（今河北涿州）便粮草断绝，只好退回雄州（今河北雄县）补充粮草后再行北进，休哥仍然采取袭扰之策，且战且退，宋军行进迟缓，至涿州时粮草再次断绝，只好又返回补充，而此时辽诸路援军已经到齐，休哥于是率领大军尾随宋军至歧沟关将宋军包围，歼敌数万，一战而击溃宋北伐主力东路军，宋太宗得知东路军失败的消息后，立即下令中西两路军撤回结束了北伐战争，辽廷取得了燕云保卫战的全面胜利，休哥因功被封为宋国王，并被赐予觐见辽圣宗和国母萧燕燕时免拜、不名之特权；在此后的几年间，休哥率军多次深入宋境攻掠，威震北宋君臣军民，就连宋境的小孩都知道于越休哥之名，据说宋人小孩哭闹时，大人只要说于越（耶律休哥）来了，小孩吓得立即止住哭声；统和七年（989年）休哥得知宋军往威虏军（今河北遂城）运送粮草，便率军前往截击，由于轻敌在徐河被宋军击败，这也是休哥一生中唯一的一次败仗，也是他人生中最后一次大战；徐河之战后，休哥意识到辽廷不

辽木板画

辽兵解救出来，从而极大地减少了辽兵的损失；辽兵败回南京后，辽景宗对韩匡嗣等一些高级将领进行了责任追究，唯独休哥在得到赐宴奖赏的同时，被提升为北院大王（980年正月）；随后休哥率北院兵马跟随辽景宗南下代宋，辽兵包围瓦

辽代吐盂

走进千年辽上京

可能以兵征服宋廷，战争只能给双方百姓带来灾难，于是建议辽廷与宋廷和平相处，萧燕燕母子也意识了这一点，于是改变南下伐宋战略，命休哥驻守南京，不再南下伐宋；休哥坚决贯彻萧燕燕母子休养生息之策，严格管束手下，不许惹是生非，随意挑起边境事端，即使是宋方有牲畜跑到辽境内，也不许扣留，而是派人送回去，从而维持了辽宋边境十年的安定局面；统和十六年（998年）病逝于任上。休哥是契丹族著名军事家，同时也是我国历史上著名军事家之一，因为他的存在，使辽在对宋的军事对抗中占据着主动地位；休哥虽然病逝于"澶渊之盟"之前，但正是因为他镇守南京十几年，给宋廷以极大的震慑力，从而为辽宋签订"澶渊之盟"奠定了基础；休哥戎马一生，身经百战，从来不枉杀一个无辜；休哥虽是武将，却爱民如子，主政南京十几年，鼓励农桑，轻薄赋税，体恤孤寡，政绩显著，口碑载道，他病逝后，辽圣宗特意下旨在南京为休哥修建祠堂，以供人们祭奠。

耶律盆奴　字胡独堇，辽景宗朝累官至乌古部详稳，后因为政苛刻被降为马群太保；统和二十八年（1010年）辽圣宗东征高丽，盆奴率军为先锋，先攻破铜州擒获高丽大将康肇，然后又攻破高丽首都开京，焚烧王宫，安抚民众，因功被提拔为北院大王病逝。

耶律的琭　一名敌鲁，字耶宁，仲父房皇族人，熟悉兵事，辽圣宗统和年间官至右皮室详稳，统和二十八年（1010年）辽圣宗东征高丽，的琭率本部兵马与耶律盆奴为先锋，攻破铜州擒高丽大将康肇，辽圣宗对的琭用兵大加赞赏："以卿英才，为国戮力，真吾家千里驹也！"第二年提拔为北院大王，后出任乌古敌烈部都详稳，72岁病逝。

耶律合里只　字特满，南院部皇族人，辽兴宗重熙年间累官至西南面招讨都监，重熙年末曾作为使臣出使宋廷，在宋廷的招待酒席宴会上，有一个伶人嘲笑辽将萧孝惠（前文有传）在与西夏的战争中失败，合里只争强说："胜负乃兵家

辽代影青盏托

常事，当年我太宗皇帝俘虏中原皇帝石重贵，如今兴中府（今辽宁朝阳）还有石家寨子，萧孝惠之败又算什么呢？"说得在场宋人无话以答，这件事被辽兴宗知道后，以合里只与宋伶人争胜，有伤双方和气，杖责三百免官；辽道宗朝初期（1055年）合里只被起用任怀化军节度使，清宁七年（1061年）担任北院大王，晋封豳国公，后又历任辽兴军节度使、东北路详隐、加侍中致仕。

耶律韩八　字嘲隐，南院部皇族人，风流倜傥，颇有大志，有一次在游历京城附近时，正遇上微服出猎的辽圣宗，见韩八有些奇特便问道："你是何人？"韩八不认识辽圣宗便漫不经心地回答说："我是北（南）院部人韩八，来这里想找一个官做。"辽圣宗见韩八回答奇特，便又询问几事，知其有才便记在心里；不久北枢密院上奏南京狱讼久滞不决，辽圣宗立即想到了韩八，便派他去南京处理南京狱讼，韩八到任后很快将积压案件处理完毕，且无一冤案，从而更加得到辽圣宗的赏识，命其管理御马；辽兴宗朝初期（1031年）出任左夷离毕，不久改任北面林牙，

韩匡嗣家族墓出土耶律隆祐墓志盖，上刻有北斗七星、十二生肖、二十八星宿天文图

辽代铁车辖

重熙六年（1037年）担任北院大王，不久又复任左夷离毕；重熙十二年（1043年）担任南院大王；韩八为政宽仁，不拘小节，上能进忠言，献良策，下能体百姓疾苦，办实事好事，于国于民均有功绩；重熙十七年（1048年）病逝。韩八为政清廉，去世时竟家无积蓄，箱无新衣，辽兴宗在派人吊唁的同时，赐予葬具。

耶律侯哂　字秃宁，南院部皇族人，辽兴宗重熙年间累官至西南巡边官、南京统军使、北院大王；重熙十一年（1042年）党项诸部在李元昊的诱惑下叛辽逃入西夏，侯哂授命在辽与西夏边境城堡以镇抚西夏，因功出任东京留守；十三年（1044年）讨女真部有功加侍中致仕。

耶律古昱　字磨鲁堇，南院部皇族人，有臂力擅长骑射，辽圣宗开泰年间官至乌古敌烈部都监，时值乌古诸部起兵反辽，古昱率兵平叛有功，移镇西北诸部，他因地制宜，教民植树，放牧牛羊，数年间民多殷实；不久中京地区盗匪猖獗，辽圣宗命古昱为中京巡逻使，古昱措施得当，将盗匪全部剿灭；开泰四年（1015年）

辽代茶末绿釉仓廪式骨灰罐

率领黄皮室军随辽圣宗东征高丽，以功升任御史中丞、开远军节度使，太平七年（1027年）担任北院大王；重熙二十一年（1052年）改任天成军节度使（治所在今巴林左旗辽祖州），病逝于任上，时年70岁，其子耶律宜新在辽兴宗朝出任北院大王。古昱家族墓地已经在阿鲁科尔沁旗朝格图山附近发现，出土了古昱之子耶律元没墓志。

耶律谷欲　字休坚，南院部皇族人，懂礼法，工文章，辽圣宗统和年间（983年至1011年）官至本部太保；开泰年间（1012年至1020年）迁官塌母城节度使；太平年间（1021年至1031年）提拔为南院大王；辽兴宗以谷欲为诗友，多问以政事，谷欲对辽兴宗执政多有匡扶，参与辽皇朝实录编纂工作未成书而卒，年90岁。

耶律特么　季父房皇族人，辽兴宗重熙年间累官至六部秃里太尉；大安四年（1088年）出任倒塌岭节度使、禁军都监；十年（1094年）因征讨阻卜叛部有功提升为南院宣徽使；寿昌元年（1095年）出任北院大王，四年（1098年）改任

知黄龙府事病逝。

耶律仙童　仲父房皇族人，重熙初年累官至大内惕隐；重熙十七年（1048年）以五国部节度使率兵征讨蒲奴里叛部，生擒其部酋长陶得里，第二年又率军征讨乌古叛部，因功授左监门卫上将军，后历任彰国军节度使、北院大王；清宁三年（1056年）改任知黄龙府事，后历任侍卫亲军马步军都指挥使、忠顺军节度使、武定军节度使等职致仕，晋封蒋国公，咸雍年初晋封许国公病逝。

耶律那也　字移斯辇，南院部皇族人，性格憨厚才思敏捷，辽道宗初年累官至宿直官；大安九年（1093年）官至倒塌领节度使，第二年征讨阻卜叛部有功提升为汉人行宫副都部署，寿昌元年（1095年）再讨阻卜诸叛部有功升任乌古敌烈部统军使；乾统六年（1106年）改任中京留守、北院大王病逝任上。

耶律敌烈　字撒懒，南院部皇族人，耶律吼

辽代墓志

五世孙，性格憨厚好学，擅长诗词，辽兴宗重熙年间出仕为兼知起居注；辽道宗清宁元年（1055年）累官至北面林牙承旨，九年耶律重元父子谋乱，敌烈平乱有功遥授临海军节度使，十年（1064年）升迁为武安州观察使；咸雍五年（1069年）升任长宁宫使；大康四年（1078年）升任南院大王，任期内政绩颇佳，改任同知南京留守事，升任上京留守，后改任塌母城节度使，大安八年（1092年）病逝。

耶律撒剌　字董隐，南院部皇族人，性格忠直沉厚，辽道宗朝初期累官至西南面招讨使，大康二年（1076年）耶律乙辛被贬为中京留守后，辽道宗召开臣僚会议廷议，欲恢复乙辛北院枢密使职务，多数臣僚不敢说真话，只有撒剌直言提出反对意见，辽道宗不听撒剌之言最终还是恢复了乙辛北院枢密使之职，

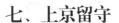
辽代白釉蕉叶纹执壶

乙辛复职后对撒剌说，我与你没有什么过节，你反对我复职就没有什么遗憾的吗？撒剌理直气壮地回答说我这是为了社稷着想，没有什么可遗憾的。乙辛遂把撒剌贬为始平军节度使，随后又派人将其杀害。

耶律合鲁　字胡都堇，南院部皇族人，奸佞阴险，辽道宗清宁初年（1055年）出仕为官，党附于耶律乙辛，被提拔为南面林牙，耶律乙辛制造"皇后太子冤案"，合鲁与弟耶律吾也参与其中，因功提拔为北院大王，其弟吾也提拔为南院大王，兄弟二人帮助耶律乙辛做尽坏事，时人称之为"二贼"。

七、上京留守

辽有五京，各设留守职官为五京最高军事行政长官，上京留守即为上京地区最高军事行政长官；根据有关资料记载，终辽一世担任上京留守人员至少有六七十人之多，不过《辽史》只立传25人：耶律倍、耶律李胡、耶律道隐、韩匡嗣、萧继先、耶律八哥、韩德让、韩制心、耶律海里、高勋、萧孝先、萧孝友、萧敌烈、耶律化哥、耶律弘古、耶律大悲奴、耶律敌烈、刘伸、萧速撒、萧乙薛、康默记、耶律隆裕、耶律侯古、耶律和鲁斡、耶律阿琏。由于资料匮乏等原因，现将以上有关人员作一简介（其中与北南两院枢密使、

辽道宗朝经幢

辽代陶瓶

辽墓壁画"奏乐图"

北南两府宰相、北南两院大王交叉任职11人不再重述)。

耶律倍　名倍，字图欲，辽太祖与述律平之嫡长子，出生于898年，辽神册元年（916年）被册为皇太子，确立为皇位法定接班人。他虽然没有担任过上京留守一职，但在辽太祖出征时他以太子身份常常留守皇都，因此本文将其列入上京留守之内加以简介。耶律倍聪明好学，仰慕中原文化，精通契丹、汉两种语言文字，通阴阳、知韵律、懂医药、会针灸，尤其擅长绘画，是辽王朝建国初期契丹社会上层贵族中崇尚儒家思想的代表人物；辽太祖开国称帝后要在意识形态领域树立一面旗帜以统一人们的思想，为此专门召开臣僚会议征求意见，诸酋长及大臣们多建议先敬萨满、佛、道等宗教，唯独耶律倍建议应先敬孔夫子，并授命在皇都城内建筑孔子庙及四时祭

拜；此后耶律倍以太子身份或率军出征，或留守皇都；辽天赞四年（925年）耶律倍跟随辽太祖

辽代铜镜

114

汉族礼仪制度等；天显元年（926年）辽太祖病逝于扶余城外，耶律倍因母亲述律平之故失去了皇位，在医巫闾山上建筑望海堂、从中原购买万卷图书藏于其中，在治理东丹国之余，读书、绘画、吟诗作文，表现出对失去皇位无所谓的态度，但辽太宗对兄长耶律倍并不放心，又将其身边人全部换成自己的人加以监视，耶律倍见皇帝二弟如此怀疑自己，便于天显五年（930年）携高美人浮海避居后唐；后唐皇帝李嗣源给予耶律倍很高的待遇，先赐姓名为东丹幕华，后又赐姓名为李赞华，先后委以怀化军节度使，瑞、慎等州观察使，义成军节度使等职，并配备部下僚属；耶律倍身在中原，心里也在想着国家和母亲，经常或以书信或派信使回到契丹向母亲问候请安等；天

辽代石经幢

东征渤海国，在攻下渤海国扶余府后，辽太祖欲就地清查户口征税以站稳脚跟后再进军，耶律倍提出反对意见，认为这样做会引起渤海民众的不满，从而影响灭亡渤海国之大计，建议迅速进军奇袭渤海国首都忽汗城，辽太祖采纳这一建议，只用半个月的时间便灭亡了立世二百余年的渤海国；随后耶律倍被册封为人皇王（亦称东丹国王）主政东丹国（辽太祖灭亡渤海国后，将其改为东丹国），成为东丹国首任国王，具有相对独立的行政军事外交特权，穿中原皇帝服饰，使用

辽墓壁画"侍宴图"

辽墓壁画"迦陵频伽图"

显十一年（936年）石敬瑭结契丹为外援图中原龙椅，辽太宗率军南下征伐后唐扶植儿皇帝石敬瑭，后唐皇帝李从珂在穷途末路时派人将耶律倍杀害，时年只有38岁；石敬瑭入主汴京坐上中原龙椅后，诏赠耶律倍为燕王，并亲自穿丧戴孝以王礼将耶律倍尸骨权殡起来，不久辽太宗派耶律阮（辽世宗）将耶律倍的骨灰安葬于医巫闾山（938年），追谥为文武元皇王；辽世宗即位后又追谥为让国皇帝，陵曰显陵，辽统和年间追谥为文献皇帝，重熙年间追谥为文献钦义皇帝，庙号义宗。耶律倍在中原生活8年，受到礼遇，后唐皇帝李嗣源还将庄宗李存勖的一名妃子夏氏赐予他为妻，每年过生日时后唐皇帝李嗣源都派使臣祝贺，其书画丹青作品颇受后唐达官贵人的青睐，有些丹青作品如《射骑图》、《猎雪骑图》、《千鹿图》等还被收入宋朝府库。

耶律李胡 一名洪古，字奚隐，出生于912年，辽太祖与述律平第三子。李胡并没有担任过上京留守，但因

辽玉柄银刺鹅锥、玉臂艺鞲

其被辽太宗册为皇太弟，在辽太宗外出游历或征战时，常常留守上京皇都，因此本文亦将其列入上京留守之列加以简介。李胡勇猛多力，擅长骑射，性格残忍，深得母亲述律平的溺爱，曾跟随辽太祖东征渤海国，作战很是勇敢，兄长人皇王耶律倍回皇都安葬辽太祖，李胡受母亲述律平之命总理东丹国政务；辽天显五年（930年）李胡率军攻掠云州大获而还，因功被辽太宗册立为皇太弟、兼天下兵马大元帅，成为"预备皇帝"；此后辽太宗率兵出征或出游时，李胡常常与母亲一起留守上京皇都；大同元年（947年）辽太宗病逝于从中原北返途中，辽世宗耶律阮军中即位，李胡时与母亲述律平留守上京，得知侄儿耶律阮（辽世宗）在军中即位皇帝后，亲自率军南下证讨侄儿耶律阮以争夺皇权，结果在南京北被耶律阮打败，回到上京皇都后气急败坏，把拥立耶律阮为皇帝的大臣们在上京的家属都抓起来关进监狱，威胁说如果不能夺取皇权便把他们全部杀死；随后又与母亲述律平率军南下与耶律阮隔潢河而峙，想阻止其回上京城，在耶律屋质的斡旋下，述律平承认了孙子耶律阮的皇帝地位；李胡没有当成皇帝心里有所不甘，回到上京皇都后又

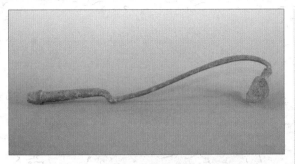

辽代铁锄

辽代铜印

与母亲述律平图谋夺取皇权，结果再次失败被囚禁于祖陵；天禄五年（951年）辽世宗耶律阮在南伐途中被杀，李胡才获得人身自由，但他觊觎皇位之心不死，见辽穆宗耶律璟酗酒嗜猎怠政，于应历十年（960年）与儿子喜隐再次图谋皇位，结果事败被囚死于狱中，终年48岁。

康默记　本名照，原为蓟州府衙校，辽太祖攻掠蓟州时将其俘虏爱其才而留在身边，康默记

并没有担任过上京留守，但他在皇都建成后出任皇都夷离毕，执掌皇都城政事，是《辽史》所载管理皇都城政事的最早职官，因此本文将其列入上京留守之内加以简介。康默记颇有才干，进入契丹后立即得到辽太祖的重用，一切蕃汉相涉事务全部由其料理，时值辽太祖东征西讨，新征服的部族较多，这些部族社会形态、生产方式、生活习俗等各不相同，时有摩擦和矛盾纠纷案件发

辽墓彩绘装饰

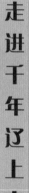

走进千年辽上京

辽代壁画

辽代影青碟

生，由于没有统一的法律制度，处理起来很是复杂，康默记授命具体负责法律诉讼工作，根据各部族习俗与法规律令相调和，把各种案件处理得合理合法，人人都很满意，因功拜为左尚书；神册三年（918年）授命建筑皇都城，只用百天时间就完成了皇都城的主体建筑；神册五年出任皇都夷离毕执掌皇都政事；天赞四年（925年）随辽太祖东征渤海国，率先攻破渤海国首都忽汗城，为灭亡渤海国立下大功；辽太祖病逝后，康默记授命建筑祖陵，祖陵建筑完成后而卒（有可能是被述律平所杀）。

耶律道隐　字留隐，开国太子耶律倍之子，生于中原，母亲高美人；辽天显十一年（936年）耶律倍被后唐皇帝李从珂杀害时，道隐尚幼被洛阳城里一名僧人藏匿起来才得以活命，因此起名为道隐，同年辽太宗灭亡后唐政权，将道隐带回契丹赐予居地；道隐性格沉静，文武双全，辽景宗朝初期被册封为蜀王并出任上京留守（969年）；乾亨元年（979年）改任南京留守，晋封荆王，任上颇有政绩，口碑不错；乾亨四年（982年）辽景宗病逝，辽圣宗即位萧燕燕摄政，道隐担任南京留守是辽廷诸宗王中的实权人物，从而

成为萧燕燕母子重点排除的对象，任用于越耶律休哥为南面行军都统，对道隐加以监视，而耶律休哥到任两个月，道隐便病逝（983年正月），追封晋王。

耶律隆裕　小字高七，字胡都堇，辽景宗与萧燕燕第三子，辽圣宗三弟，隆裕也没有正式担任过上京留守，但他曾多次留守上京，因此特将其列入上京留守之内而加以简介。隆裕身体不

辽代陶罐

辽代酒文化

辽代的酿酒业分为官酿和私酿两种。契丹贵族为了满足他们自己的饮酒需求，在皇都上京专门建造了酿酒的工场——曲院。曲院是官酿，民间还有私人小作坊，称酒家。辽代除酿制谷物酒外，还能酿制一种颇具民族风味的"乳酒"。随着酿酒业发展，酒肆也日益增多。喜爱饮酒的辽朝皇帝身边还有一种专门服务皇帝喝酒的"酒人"。辽朝的储酒器皿也独独具民族特色，除最常见的"鸡冠壶"、"扁背壶"、"鸡腿坛"等，还有"浑脱"，即用整张牛皮制成的储酒器。

辽代白釉双联石榴铁锈花瓷墨池

太好，笃信佛教，没有政治野心，乾亨初年封郑王，统和十六年（998年）晋封吴国王，统和十九年（1001年）萧燕燕南下伐宋，隆裕晋封楚国王留守上京；统和二十一年（1003年）出任西南面招讨使；统和二十二年（1004年）萧燕燕伐宋时，隆裕再次留守上京；统和二十八年（1010年）辽圣宗亲政后为了打压二弟耶律隆庆而重用没有政治野心的三弟隆裕，在东征高丽时命其留守上京，第二年韩德让病逝后，隆裕权知北院枢密使事；开泰元年（1012年）晋封齐国王留守东京，是年八月病逝，赠守太师。

耶律侯古　字讹里本，辽圣宗第六子，辽兴宗重熙初年为王子郎君详稳，后任奉陵军节度使，重熙十七年（1048年）封饶乐郡王，后迁任南院大王；清宁元年（1055年）改任中京留守，后又改任同知东京留守事；清宁四年（1058年）复任南院大王；辽道宗咸雍年间徙封混同郡王，出任上京留守，咸雍八年（1072年）病逝于上京。

耶律和鲁斡　汉名洪道，字阿辇，重熙十年（1041年）出生，辽兴宗第三子，十七年封越

王，清宁元年（1055年）晋封鲁国王；二年晋封宋国王出任上京留守；和鲁斡颇有武略，清宁九年（1063年）耶律重元父子在太子山以兵叛乱想夺取皇权，和鲁斡趁夜出战为平定叛乱立下功劳，后又率兵讨平奚族叛部有功，出任南京留守晋封宋魏国王；乾统元年（1101年）出任天下兵

辽代墓志铭

辽墓壁画

耶律大悲怒 字休坚，辽道宗大康年间累官至右皮室详称，曾奉命招降阻卜叛部；寿昌二年（1096年）出任殿前都检点；乾统初年（1102年左右）出任上京留守，后历任惕隐、复为殿前都检点、西南面招讨使，曾因年老请求致仕没有批准；天庆年间再任上京留守，五年（1115年）辽天祚帝东征失败，时任辽兵东征军都监的耶律章奴借机想废掉天祚帝拥立耶律淳为皇帝，耶律淳没有同意，耶律章奴于是率领部分支持者攻打上京城，时大悲怒正在上京留守任上，组织军民击退叛军进攻，保卫了上京城的安全，后改任彰国军

马大元帅，加守太师，免拜不名；乾统三年册为皇太叔，乾统六年兼任大内惕隐，加义和仁圣之号，乾统十年病逝于庆州。

耶律阿琏 汉名洪德，字讹里本，辽兴宗第四子，重熙十七年封许王，清宁元年（1055年）徙封陈国王，二年晋封秦国王，知中丞司事、辽兴军节度使；咸雍年间历西京、上京留守，晋封秦越国王；大安三年（1087年）病逝，追赠秦魏国王。

耶律八哥 字乌古邻，北院皇族人，聪明伶俐，过目成诵，统和初年累官至枢密院副使；统和四年（986年）宋太宗发三路大军北伐，八哥随萧燕燕母子南下迎敌，因护卫之功提升为上京留守；开泰四年（1015年）由上京留守（应为复任）改任北院枢密副使，不久又改任东京留守；开泰七年出任辽兵都监与萧排押领兵东征高丽，先攻破高丽首都开京有功，后在撤兵时指挥失当被免职，第二年改任西北路都监。

辽代陶瓶

建议，最终导致辽与高丽发生了十年的战争，给双方都造成了巨大的损失；开泰初年（1012年）萧敌烈率兵巡察西部边境时，发生了边境守将率民逃跑的事件，萧敌烈率军追击俘虏叛将追回叛民加以安抚，以功复任国舅详稳；后跟随北院枢密使耶律世良（前文有传）征伐高丽，以功提升为上京留守；开泰五年（1016年）北院枢密使耶

辽彩绘"十方佛"木舍利塔

节度使致仕。

　　萧敌烈　字涅鲁衮，开国北府宰相萧敌鲁四世孙，辽统和年间累官至国舅详稳，统和二十八年（1010年）辽圣宗逞亲政之勇，想乘高丽内乱之机东征高丽，并就此事征求诸大臣的意见，多数臣僚都赞成出兵东征，只有萧敌烈提出反对意见，认为国家连年征战，百姓疲劳，加之国母萧燕燕刚刚病逝，辽圣宗正在服丧期间，不宜发动战争，况且高丽乃一小国，胜之不武，一旦失败连后悔都来不及，建议派遣一名使臣前往高丽，问清发生内乱的原因，如果高丽当局认罪也就罢了，如果不认罪，休养生息几年再出兵征伐也不迟；由于辽圣宗急于建功，没有听取萧敌烈的

辽墓壁画

律世良病逝，辽圣宗想提拔萧合卓（前文有传）为北院枢密使，时任汉人行宫部都署的王继忠（前文有传）建议说萧合卓虽然文笔不错，但肚量太小，萧敌烈为人宽厚，才行兼备，是北院枢密使的合格人选，辽圣宗怀疑王继忠与萧敌烈是朋党没有采纳，改任萧敌烈为中京留守病逝。

刘伸 字济时，聪明伶俐，文笔不错，重熙五年科举中第出仕累官至彰武军节度使、大理正；刘伸性格忠直，有一次在向辽兴宗汇报案件时，辽兴宗正与近臣说话，便把他的奏章放在一边没有理会，刘伸大声说："臣闻自古帝王必重民命，愿陛下看一看臣的奏章。"辽兴宗见刘伸如此忠直，不仅没有怒恼，反而提拔其为枢密都承旨、权中京留守，后又历任大理少卿、大理卿、西京副留守、谏议大夫、提点大理寺、崇义军节度使、户部使、南院枢密副使，每任都政绩

辽包金鱼形盒玉佩件

显著，以忠直、体民、勤政、能干而著称；辽道宗也不无感慨地曾对大臣们说："今之忠直，耶律玦、刘伸而已。"咸维二年（1066年）刘伸升任参知政事，当时耶律乙辛任北院枢密使，擅权朝中，辽道宗对刘伸说："你不要怕宰相。"刘

辽代服装

辽代铜镜

辽代围棋子

伸回答说："我连乙辛都不怕，何况宰相。"耶律乙辛听到这些话后遂怀恨在心，找机会将刘伸贬为保静军节度使；不久辽道宗又想起了刘伸提拔其为上京留守，耶律乙辛又找理由将其贬为雄武军节度使，后复任崇义军节度使致仕，大安二年（1086年）病逝。

萧速撒　字秃鲁董，突吕不部人，辽兴宗重熙年间累官至右护卫太保；辽道宗清宁年间历官北面林牙、彰国军节度使、北院枢密副使；大康二年（1076年）出任知北院枢密使事，当时耶律乙辛擅权朝中，大多数朝臣或为保官或为升迁都要上门送礼，萧速撒从来也没有登过耶律乙辛的门，耶律乙辛由此怀恨在心，将萧速撒牵涉进"太子冤案"中，找茬将其贬为上京留守，太子耶律浚被关押后，耶律乙辛又派人到上京将萧速撒杀害（1077年）。时值盛夏（农历6月份），萧速撒等人的尸体被抛弃于荒野后容貌不变，如活人一般，就连乌鸦都不敢靠近。天祚帝即位后为

"皇后太子冤案"平反，萧速撒被追封为阆陵郡王。

萧乙薛　字特免，拔里氏国舅帐少父房人，辽天庆初年（1111年）累官至知国舅详稳事，迁殿前副点检；天庆四年（1114年）女真人起兵反辽后，萧乙薛出任辽兵副都统率军增援宾州，结果兵败被免职；六年（1116年）出任武定军节度使、西京留守；七年升任北府宰相，加左仆射兼东北路都统；十年（1120年）金兵攻陷上京后撤军，萧乙薛兼任上京留守，负责恢复上京地区社会秩序、召抚百姓，工作颇有成绩；保大二年（1122年）金兵再次大举进攻，萧乙薛不能迎敌弃上京溃败而去，出任西南面招讨使，金兵攻陷中京（今赤峰市宁城县大明镇境内）后继续向西南面挺进，天祚帝只好逃进夹山避难，萧乙薛被任命为殿前都点检，跟随在天祚帝身边搞服务性工作；金兵大举进攻西南部，上京地区后方空虚，一些流散兵民又都聚集在这里，天祚帝得到

辽代壁画"备马图"

这一情况后突发奇想，任命萧乙薛为上京留守，妄想恢复对上京地区的统治，而萧乙薛到上京后便被金人控制起来，由于原来为官时没有做什么坏事，且留有好名声，不仅保得性命而且被释放；萧乙薛历经艰险又回到夹山天祚帝身边，保大四年（1124年）被耶律大石诛杀，萧乙薛也是辽王朝最后一任上京留守。

八、五代、北宋出使契丹至辽上京人物

辽王朝与五代、北宋相始终，是中国历史上的又一个南北朝，期间南北既有战争，也有和平，既有冷战，也有交往，故事多多，这其中又以南北使臣最为引人注目。往返于中原政权与辽王朝的使臣们，在完成外交使命的同时，不仅沟通了南北最高统治者间的思想，而且把中原文化传播到辽王朝，把契丹辽文化传播到中原，成为当时南北沟通和文化交流的信使，有的还把在契丹所见所闻著书立说，成为当时和后世人们了解契丹风土人情和历史的重要资料。这些使臣们的历史功绩是不言而喻的，历史不应该忘记他们。

由于史料匮乏等原因，现将《辽史》所记载的五代、北宋出使辽王朝且到过辽上京的部分使臣（17人）作一简介。

康令德 生卒年及履历不详，在晋王李克用手下任通事（即翻译，一般由会多种语言且与皇帝或首领关系密切的人来担任）。李克用和朱温都是在镇压黄巢起义军中发的家，前者被唐廷册

辽代铁刀

辽代玉佩

124

封为晋王以河东（今山西太原）为中心，后者被唐廷册封为梁王以汴梁（今河南开封）为中心，成为唐末五代初期中原两个最强大的藩镇割据势力。两人为了争夺地盘大打出手，一打就是几十年，李克用逐渐处于下风。为了对付朱温，李克用把目光投向北方的契丹，于905年派康令德出使契丹，约阿保机到云州会盟。康令德于当年7月到契丹见到阿保机，圆满地完成了外交任务。阿保机于当年10月率兵7万，号称30万到云州（今山西大同）东城与李克用会盟，两人互换袍马结为兄弟，并相约攻打朱温。康令德也是《辽史》记载的五代时期由中原割据政权（李晋政权即五代中第二个朝代后唐的前身）派往契丹的第一个使臣。《辽史》中虽然没有明确记载阿保机接见康令德的具体地点，但是当时阿保机已经在迭剌部的祖居地，即今巴林左旗建筑了龙眉宫作为自己的政治活动中心，并在这里积极地蓄积力量准备攫取契丹汗权，因此他在这里接见康令德的可能性非常大。

郎公远　生卒年及履历不详，五代中第一个朝代——后梁官员。朱温与李克用大战几十年虽然稍占上风，但并没有消灭李克用的实力，因此也把目光投向了北方的契丹，在阿保机与李克用结盟不久，派时为军将的郎公远等人出使契丹欲结盟阿保机。郎公远于906年夏天到达契丹，在龙眉宫见到阿保机。按照当时的习俗，两人结盟

辽琥珀璎珞

后就不能再与盟友的敌人结盟，但阿保机对中原局势有着比较清醒的认识，朱温已经形成挟天子以令诸侯之势，结盟朱温比结盟李克用更有益于自己，于是便又答应与朱温结盟，并留郎公远在契丹观光一段时日。不久，契丹遥辇氏痕德堇可汗病逝，留下遗命传汗位给阿保机，郎公远于是参加了阿保机的登基仪式（907年正月），不久朱温代唐建立后梁，坐上了中国五代中第一个朝代后梁的第一把龙椅（907年4月）。阿保机得到信息后，立即派信使带上良马、貂裘、朝锦霞等丰厚礼物，随郎公远到汴梁觐见朱温，请求册封自己为契丹可汗，并求婚于朱温，双方结成甥舅之国。原来，阿保机虽然是遵照痕德堇可汗遗命担任的可汗，但毕竟是从遥辇氏手中接过的汗柄，

125

辽代银蹀躞带、鞢带

有从遥辇氏手中夺取汗权之嫌，因此遭到了契丹一部分显贵的反对，汗权并不稳固，因此想借朱温这个中原皇帝册封之名，来巩固自己的汗权，如果再与朱温结为甥舅之国，则可以借朱温之力来震慑反对派。不料，朱温老奸巨猾，派郎公远再次出使契丹，要求阿保机出兵帮助自己消灭李克用，并派子弟300人到汴京为质，再行册封之

辽代铜铃

辽代白釉盘

事和结为甥舅之国。阿保机自然不会被朱温所利用，于是双方都心照不宣，虽保持着交往关系，却没有对对方做任何事情。郎公远仍然在充当着后梁出使契丹的使臣，辽太祖三年（909年）朱温以时任供奉官的郎公远为契丹欢好使出使契丹；辽神册元年（916年）后梁皇帝朱友贞派郎公远出使契丹祝贺阿保机开国称帝。此时阿保机与郎公远已经是结识10年的老朋友，非常热情地招待了郎公远，并邀请其随军出征，观看了契丹军队攻打蔚、新、武、妫、儒等五州战役，郎公远这次

出使契丹逗留半年有余；辽神册五年（920年）即后梁灭亡的前四年，郎公远再次出使契丹，这也是《辽史》所载郎公远最后一次出使契丹。根据《辽史》和《新五代史》的记载，郎公远在后梁存世的16年间，至少出使契丹5次之多，是后梁出使契丹最多的使臣。

滕彦休　生卒年及履历不详，五代十国中吴越官员。吴越的建立者钱镠本是一个私盐贩子，靠着会几手拳脚功夫在乱世中占据了以杭州为中心的两浙一带，成为十国之一（896年）。907年朱温代唐建立后梁，册封钱镠为吴越王，史称其割据政权为吴越。吴越政权有一项一贯的政策，便是向任何比自己强大的政权进贡。因此，吴越在辽太祖九年（915年）便派滕彦休跨海向契丹进贡（915年），第二年再派滕彦休出使契丹祝贺阿保机开国称帝。这次滕彦休与后梁使臣郎公远在契丹相遇，两人同时受邀随军观看了契丹攻打蔚、新、武、妫、儒等五州战役。阿保机指挥攻打蔚州时，引领着滕彦休和郎公远两人环城而观，高兴之余赐滕彦休契丹名为述吕。辽神册五年（920年）滕彦休再出使契丹进贡犀牛角、珊瑚等，并接受了阿保机赐予的契丹官职。目前学界

辽代墓志盖

发现了一枚契丹文符牌（见《契丹文珍稀符牌考释图说》），牌正面八个契丹小字，汉译为"太祖圣元皇帝御赐"，北面契丹文汉译为"吴越国使臣通行令牌"。据考证，这枚符牌是辽太祖病逝后，述律平摄政期间以太祖名义颁发给吴越使臣的，是目前发现的唯一一枚铸有契丹文的外国使臣通行令牌。从《辽史》记载来看，吴越自辽太祖九年（915年）至辽太宗会同六年（943年）的29年间，共向契丹进贡11次，其中明确记载滕彦休为使臣3次，其他8次没有记载使臣姓名，这枚符牌是否是滕彦休出使契丹参加辽太祖葬礼时由皇太后述律平所赐就不得而知了。

姚坤　生卒年及履历不详。辽天显元年，后唐皇帝李存勖被乱军所杀，李克用义子李嗣源即位后唐皇帝，派时任供奉官姚坤出使契丹报丧。姚坤先到西楼皇都得知阿保机率军东征渤海国后，起身东追，与阿保机在回军途中相遇。阿保机已经听说后唐兵乱，李嗣源在黄河北魏博城下被乱兵拥立为皇帝与李存勖对峙的消息，但并不知李存勖已经被乱兵所杀，因此，当姚坤入行帐觐见时便开口先问道："我听说河南、河北有两个天子，这件事可信吗？"姚坤回答说："天子（李存勖）因为魏博发生兵乱，命总管（李嗣

127

源)去平叛,不想天子在洛阳被乱兵所杀,总管得到消息后,率兵返回洛阳平定叛乱,为众人推为天子。"阿保机听说李存勖被杀,不禁痛哭流涕地说道:"晋王(李克用)与我结盟为兄弟,河南天子(李存勖)即我的儿子。前两天听说中原发生兵乱,我正想率五万铁甲兵去援救他,只因渤海还没有攻下,不能前往,以致于我儿竟遭此灾难。"然后停顿一下问道:"现今的天子(李嗣源)当时听说洛阳危急了,怎么不去救援呢?"姚坤回答说:"路太远了,要救也来不及。"阿保机接着问道:"我儿既然已经没了,新天子理应与我商量再即位,怎么能自封为皇帝呢?"姚坤说:"新天子带兵二十年,位至大总

辽代陶瓶

辽代铡刀

辽代陶瓶

管,所领精兵三十万,天时人事,岂能违背。"阿保机说:"汉人老喜欢说些冠冕堂皇的话,你不必再多说了。"这时在一旁的皇太子耶律倍大声说道:"因牛踩踏了田,就抢走人家的牛,这样可以吗?"姚坤说:"中国当时无君主,唐天子(李嗣源)不得已只好自立为皇帝;这情况就

辽铜鎏金梵文

好比天皇王您刚开始拥有国家的时候，难道也是强取的吗？"听了姚坤的话，阿保机换了一种语气说道："你说的也有道理。我听说这小孩（李存勖）专门喜好声伎女色，游玩田猎，任用小人，不体恤百姓，所以才有今天的下场。我自从听说他的所作所为后，全家都不喝酒，并且驱散伶人，放走犬鹰。我也有诸部乐官千人，非公宴不用，如果像他一样的话，我们也不会长久的。我会说汉话，但当着族人的面，从不说汉话，就是怕他们也像汉人那样怯弱。"接着又说道："这小孩（李存勖）虽然和我算是世交，但却老和我打仗，现在的天子和我就没有什么怨恨了，可以维系良好的友谊关系；只要把黄河以北的地方给我，我就不再南侵。"姚坤说："这事不是使臣可以决定的。"阿保机一听不禁恼怒，命人把姚坤关了起来。过了几天，阿保机又把姚坤召来说："要黄河以北的土地可能不容易，这样好了，只给我镇、定、幽这几州也可以。"说完命

人取来纸笔，逼着姚坤写割地条约。姚坤死活不写，阿保机于是下令要杀死姚坤。在韩延徽等人的劝说下，姚坤才留下性命，被关押起来，准备押往西楼皇都再行处理。不料几天后阿保机病逝，姚坤随契丹人马护送阿保机遗体一起回到西楼皇都。第二年耶律德光即位（927年），姚坤才被释放回到中原。阿保机担任契丹可汗至开国称帝再到病逝的二十年间，与中原诸割据政权关系

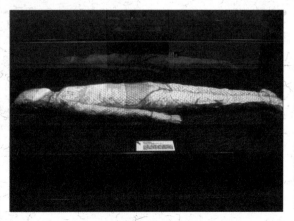

辽墓出土银丝网络

密切，通使通商是为常事，但由于史料匮乏等原因，关于阿保机与中原诸割据政权往来沟通的资料极少，特别是阿保机与中原诸割据政权使臣之间对话的资料更为少见，其与姚坤的对话是目前所见最长的一份资料，人物对话最能体现历史人物性格，因此，笔者借撰写本文之机将两人对话辑录于此，以飨读者。

赵莹 华阴（今陕西华阴）人，仪表俊美，性格严谨，为人正直。李嗣源当上皇帝（926年）后，赵莹隶于石敬瑭门下为节度判官，随其迁移，是石敬瑭身边重要谋臣之一。李嗣源病逝李从珂即位后唐皇帝，石敬瑭准备在太原起兵夺取皇权，赵莹预谋其中。辽天显十一年（936年）7月，赵莹作为石敬瑭信使到达契丹西楼皇都，以割让燕云十六州为条件向辽太宗请求援兵（936年）。石敬瑭当上儿皇帝后，赵莹出任翰林学士承旨、户部侍郎、掌理河东（今山西太原）军府事务；辽会同元年（938年）11月，赵莹作为石敬瑭信使，将燕云十六州地籍送到西楼皇都辽太宗

辽代铜净瓶

手中，回朝后加光禄大夫兼吏部尚书、判户部；辽会同五年（942年）石重贵即位后晋皇帝，赵莹升任中书令为宰臣之一，但第二年又被贬出朝堂任开封尹。辽太宗第二次南下伐晋失败后（945年），石重贵觉得契丹并不可怕，遂把朝中大权都交给大舅哥冯玉开始享乐。冯玉觉得赵莹比桑维翰好摆弄，为了随心所欲的专擅朝政，将时任枢密使的桑维翰贬为开封尹，而把时任开封尹的赵莹调回朝堂任中书令。赵莹虽然重新回到宰臣位置，但却说得不算。辽太宗灭亡后晋政权，赵莹被俘与亡国之君石重贵一起被迁往黄龙府（今吉林农安），经过千难万险刚到达黄龙府，国母述律平又一纸诏令，命其再迁往辽阳，刚到辽阳，辽廷帝位发生更迭，辽世宗即位皇帝（947年）。辽世宗认识赵莹，知道他的人品和才干，任命其为太子太保，赵莹于是开始在辽廷为官，辽天禄五年（951年）病逝于辽南京（今北京），终年六十七岁。辽世宗得知赵莹病逝后，辍朝一日，派人将赵莹的尸骨送回中原安葬。赵莹是五代时期政治

辽代瓷枕

辽代铁剪

辽、北宋、西夏并立形势图

第八章 人物

家、文学家，曾参与《旧唐书》的编纂工作，出力颇多。

桑维翰　洛阳人，科举出仕（923年），几经迁移，在石敬瑭手下任掌书记，是石敬瑭的重要谋臣。后唐明宗李嗣源病逝后，石敬瑭与后唐末帝李从珂矛盾激化，桑维翰建议石敬瑭结契丹为外援夺取中原龙椅。石敬瑭采纳这一建议，派赵莹前往契丹请求援兵。赵莹走后，石敬瑭仍不放心，又派桑维翰前往契丹请援。桑维翰后赵莹一步到达契丹西楼皇都，将亲自执笔起草的写有石敬瑭割让燕云十六州、称儿、称臣条款的书函交到辽太宗手中，辽太宗拿到石敬瑭的"字据"后，亲自率兵南下援助石敬瑭。当契丹人马将后唐将领张敬达包围于晋安寨，久攻不下的时候，后唐幽州节度使赵德钧以灭后唐、与契丹结为兄

弟之国、让石敬瑭长久镇守太原为条件，乞求辽太宗立自己为中原皇帝。辽太宗因契丹人马久攻晋安寨不下，担心后唐军队断了自己的后路，心里有所犹豫。石敬瑭得到消息后，立即派桑维翰前去劝说辽太宗。桑维翰只身前往辽太宗行帐，从清晨一直跪到傍晚，用三寸不烂之舌，终于说

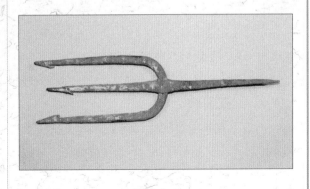

辽代鱼叉

服辽太宗拒绝了赵德钧的要求，从而把石敬瑭扶上了中原龙椅。石敬瑭进入洛阳坐上中原龙椅后，提拔桑维翰为枢密使，位居宰臣之首。桑维翰认真履职，为石敬瑭出了许多好主意，使后晋的社会、经济等诸方面都较以前有所好转。但是，桑维翰建议石敬瑭割让燕云十六州、向辽太宗称儿称臣的行为，为后晋朝中一些人所不齿，因此只当了两年半宰相，就被排挤出朝堂。石敬瑭病死，石重贵即位后晋皇帝（942年），对契丹只称儿不称臣，从而惹恼辽太宗率兵南下讨伐后晋。期间桑维翰曾被调回朝廷恢复宰臣之职，积极主张对契丹讲和，但当时后晋朝廷被权臣们所把持，桑维翰的主张不仅没有被采纳，而且不久就又被贬出朝堂，出任开封尹（与赵莹对调）。辽太宗经过三次伐晋，终于将后晋政权灭亡（946年），在进入汴京前夕命降将张彦泽先进入汴京打前站，通知桑维翰到行营相见。张彦泽知道桑维翰与辽太宗的特殊关系，怕他在辽太宗面前告自己的状，因此进入汴京后便把桑维翰杀死。传说桑维翰在夜间被缢杀时，两只眼睛怒视前方，连呼三口气，每呼一口气，嘴里都冒出火焰，闪闪发光，三口火焰熄灭后，才慢慢闭上眼睛。

冯道 瀛洲（今河北河间）人，出生在穷困家庭，从小就刻苦学习，不论环境如何，坚持学习，从不中断，从而学得了一身文采。开始的时候，冯道投在幽州的刘守光门下，因言语而得

罪了刘守光，被下狱中，幸被人所救，又逃到太原，几经周折，当了太原府的掌书记。李存勖灭亡后梁建立后唐（923年），冯道迁任后唐中书舍人、户部侍郎。在任期间，冯道以体谅百姓，勤俭持家而著称，就连远在大漠草原的耶律阿保机都很羡慕冯道的名声，曾想挥兵中原，把冯道抢到手里。

李嗣源即位后唐皇帝（926年），因为不识字，特意设立端明殿学士一职，来帮助自己念奏折和处理文书方面的事务，冯道任第一任端明殿学士，成为李嗣源的主要助手。不久，冯道又被提升为中书侍郎、礼部尚书、平章事，成为后唐宰辅之一，并以能诗能文善辩著称。李从珂夺取后唐皇位，冯道被贬出朝堂，后来又诏回朝中也未受到重用。石敬瑭在契丹帮助下建立后晋，重新起用冯道为宰辅。当时石敬瑭想选一个到契丹孝敬"父皇帝"辽太宗和祖母述律平的使臣，诸大臣都害怕派自己去，有的吓得手都哆嗦起来，冯道则自告奋勇请求前去。辽会同元年（938年）冯道担任册礼使，出使契丹给皇太后述律平上尊号，辽太宗早就听说过冯道的名声，准备亲自出皇都城迎接，在臣僚们"天子无迎宰相之礼"的劝说下，才打消了这一想法。冯道于当年10月末到达西楼皇都；11月1日辽太宗在西楼皇都驿馆特意为冯道准备了丰盛的酒宴，派北、南宰相等辽廷要员作陪；11月3日辽太宗在开皇殿接见了冯道；11月9日皇太后述律平在开皇殿接见了冯道等后晋使臣，冯道代表后晋政府给述律平上尊号曰"广德

辽银覆面（敖汉旗出土）

至仁昭烈崇简应天皇太后"。冯道此行在契丹逗留百日有余，并在契丹过了春节，与辽太宗的关系搞得很是密切，辽太宗特意派使臣到后晋命石敬瑭给冯道加官守太傅；第二年正月（939年），辽太宗在开皇殿设宴为冯道等晋使钱行，席间辽太宗赐予冯道牙笏和牛头等殊礼，冯道照单全收，并即兴作"牛头偏得赐，象笏更容持"等诗句来表达自己受到殊礼的兴奋心情。辽太宗劝冯道留在契丹工作，冯道回答说："南朝为子，北朝为父，两朝皆为臣，岂有分别哉！"一席话说得辽太宗心里非常舒服，从而全身而退，回到了后晋。冯道圆满完成出使契丹任务，更加得到石敬瑭的器重，朝中大事均征求冯道的意见。后来冯道以老辞职，石敬瑭坚决不允许。不仅如此，石敬瑭在病重时单独召见冯道，命人将自己的小儿子石重睿放在冯道怀里，让其辅佐。但是，冯道在宰辅之位年久，早就学会了玲珑之术，在这个关键时刻，却不敢做主，终与景延广一起拥立石重贵当了皇帝。石重贵当了皇帝后，虽然感激

冯道，但却没有重用他，不久将其贬为同州节度使。辽大同元年（947年）辽太宗灭亡后晋入主汴京，冯道日夜兼程入汴觐见辽太宗。但此时的辽太宗志得意满，对冯道已经不再感兴趣，就故意问道："你先事燕，又事唐，再事晋，这是为何？"冯道没想到辽太宗会劈头问这样的问题，愣愣地望着辽太宗不知该如何回答。辽太宗见冯道没有回答，就接着问道："你为什么来朝？"冯道回答说："既无城又无兵，哪里敢不来呢？"辽太宗又问道："你是一个什么样的老头子？"冯道恭恭敬敬地回答道："我是一个无才无德痴笨愚顽的老头子。"听了冯道的话，辽太宗没有再接着问下去，为了笼络人心，还是给了冯道一个太傅之位。辽太宗北返，冯道也随车驾而行。辽太宗突然病逝于镇州（今河北正定）城外，辽世宗即位皇帝，率兵北上与祖母述律平争夺皇位，冯道与一些原后晋文武官员滞留于镇州城中等待命运的安排。辽世宗将祖母囚于祖州后，命滞留在镇州的原后晋文武官员北上，参加

辽代铜镜

辽代白釉花式口碟

辽鎏金门神像铜门（一）

立身。"表达自己对仕途的看法及为官之道。实践证明，冯道确实很会为官之道，其一生历五代中的后唐、后晋、后汉、后周四个朝代，事十君，三为中书，在相位二十余年，史称其为政坛"不倒翁"、"常青树"。

刘昫 涿州（今河北涿州市）人，887年生人，青年时曾被契丹兵马俘虏（905年左右）押于新州（今河北涿鹿），后逃还。刘昫在后唐朝中历任太常博士、翰林学士、中书侍郎兼刑部尚书、平章事、吏部尚书等职；在后晋朝中任司空、平章事。辽会同元年（938年）刘昫担任册礼使，与冯道等人一起出使契丹给辽太宗上尊号，于10月末到达西楼皇都，受到辽太宗隆重招待。当年11月21日，辽太宗在宣政殿接见了刘昫，刘昫代表后晋政府给辽太宗上尊号曰"睿文神武法天启运明德章信至道广敬昭孝嗣圣皇帝"，辽太宗高兴之余，派人前往汴京，在命石敬瑭给冯道加官守太傅的同时，给刘昫加官守太保。刘昫完成出使契丹任务回到朝中，被提升为太子太保兼左仆射、封谯国公、太子太傅；石敬瑭死石重贵即位，刘昫授司空、平章事；辽大同元年后晋被辽灭亡，因刘昫曾出使契丹且给辽太宗上过尊号，给辽太宗留下了很好的印象，因此辽太宗进入汴京后，保留了刘昫原职，不过刘昫却以眼疾

辽太宗葬礼，冯道寻机南逃投奔了刘知远的后汉政权。刘知远感激冯道的忠心，拜其为守太师。郭威代后汉建立后周，冯道又被拜为太师、中书令，成为后周宰辅之一。柴荣即位后周皇帝准备北伐收复燕云十六州，冯道极力加以阻止，从而被罢相，不久病逝，年七十三。冯道在微时曾作诗"莫为危时便怆神，前程往往有期因，终闻海岳归明主，未省乾坤陷吉人。道德几时曾去世，舟车何处不通津，但教方寸无诸恶，虎狼丛中也

辽双凤纹、蟠龙纹琥珀握手

辽代墓志志文

请求退休，辽太宗不仅没有生气，反而特授予刘昫太保之职，不久病逝（947年）。刘昫是五代时期历史学家、政治家，主持编纂了《旧唐书》。

杨彦询 河中宝鼎（今山西万荣县）人，871年生人，13岁时投奔青州（今山东青州）主帅王师范门下为幕僚，朱温代唐建立后梁，杨彦询又投奔魏博主帅杨师厚手下为客将，李存勖灭后梁建立后唐，杨彦询任后唐引进副使，李嗣源即位后唐皇帝，杨彦询累迁任德州（今山东德州）刺史。李从珂即位后唐皇帝后，委任他为北京（今太原）副留守以监视石敬瑭。杨彦询行事谨慎，为人忠厚。石敬瑭在起兵之前，曾征求杨彦询的意见，杨彦询则委婉地劝说石敬瑭不要起兵。石敬瑭结契丹为外援建立后晋，杨彦询担任后晋齐州（今山东济南）防御史，不久改任宣徽使。辽会同二年（939年），杨彦询担任后晋使臣出使契丹到辽上京，向辽太宗进献贡物；后晋成德军节度使安重荣对石敬瑭甘愿当儿皇帝的行为极为

哈喇契丹

面对金国的进攻，病入膏肓的辽王朝顿时土崩瓦解。皇族耶律大石率领二百人西逃，并自立为王。金灭辽后，随即南下，而辽王朝西北各部并未遭受兵燹。耶律大石以恢复故国相号召，召集了精兵一万，又组织了一支军事力量。公元1130年，他见回天乏力，便决议西征，成功地说服了回鹘国王，得以借道西去。耶律大石击败了西域的反对者，建立了政权，史称西辽，又称哈拉契丹。西辽历十五帝，享国八十八年，1218年为蒙古西征大军所灭。

辽鎏金铜马鞍饰

辽代白釉碗

第八章 人物

135

不满，经常把契丹出使后晋使臣抓起来或打骂羞辱或杀之，并扬言要与契丹开战；辽太宗恼怒，调兵遣将，准备南下讨伐安重荣；石敬瑭得到信息后，怕辽太宗挥兵南下伐晋，于是派杨彦询再出使契丹说情。杨彦询于辽会同四年（941年）2月到达辽上京，向辽太宗解释有关情况。辽太宗对契丹使臣被杀极为不满，指责后晋朝廷纵容属下。杨彦询解释说："这就好像家里出了个坏儿子，父母管束不住，又能怎样呢？"辽太宗听了杨彦询的话虽然稍微消了一点气，但还是把杨彦询扣下。不久，安重荣起兵造反，石敬瑭派兵平定叛乱，辽太宗见杨彦询所说是实，才把他放回

了中原。杨彦询被扣在辽上京10个月有余，回到后晋朝中被授予华州（今陕西华县）节度使、检校太尉，不久病逝，终年74岁。

　　朱宪　生卒年不详，五代时曾在后汉、后周两朝为官。朱宪出使契丹说起来与一次天象有关系。辽天禄四年（950年）十月的一天晚上，辽世宗率兵正在中原抢掠，突然发生了月食，契丹人信奉萨满教，以为是他们的抢掠行为惹恼了天神，心里非常恐惧，于是撤兵北返。辽世宗回到契丹后仍然心有余悸，思来想去，觉得不能再与中原政权为敌，于是派人出使汴京，想与后汉政府结好。不料，契丹使臣没等到达汴京，中原

辽鎏金门神像铜门（二）

辽代铁铎

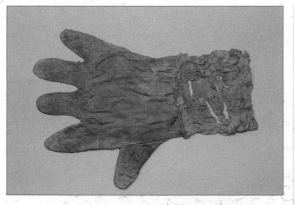

辽代丝织手套

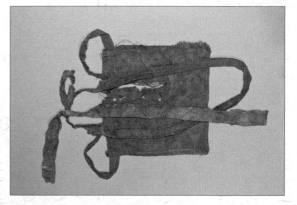

辽代丝织品

皇位发生更迭，郭威代后汉建立了后周政权，契丹使臣于是顺便觐见了中原新皇帝郭威，表达了辽世宗与中原政权结好的愿望。郭威刚刚代汉建周，不想与北方的契丹为敌，于是就派时任左千牛卫将军朱宪带上礼物回访契丹。朱宪于辽天禄五年（951年）正月到达辽上京，向辽世宗献上金酒器、玉带等礼物，通报了郭威代汉建周的原因和经过。辽世宗本来已经打算与中原政权结好，但见中原皇位更迭，便就又有了新的想法，想借机对中原的后周政权施压，以便在南北关系中处于有利地位。于是，派使臣跟随朱宪一起到汴京，在给郭威送去良马，祝贺其登基的同时，对郭威废掉后汉刘氏小皇帝，自己坐上中原龙椅提出异议，并对郭威讲了一通大道理。郭威自然是不愿被辽世宗说服，便又派姚汉英、华昭胤出使契丹，对辽世宗提出书面抗议。辽世宗此时已经得到刘崇在太原建立北汉政权，与辽结盟对抗后周的消息，于是改变原来与中原政权结好的想法，把姚汉英、华昭胤扣在契丹，准备结盟北汉对抗后周。

郑珙　生年不详，五代青州（今山东青州）人，几经迁移，在后汉河东节度使刘崇手下任节度判官。后汉皇帝刘知远病逝（948年），其子刘承祐继承帝位，后汉朝中大权落入郭威等人手中。盘踞太原的刘崇（刘知远母弟）平时与郭威有隙，心里很忧虑，于是征求节度判官郑珙的意见。郑珙劝刘崇说："汉室将要发生内乱呀！太原兵雄天下，地形险固，十州税赋足以自给。公（刘崇）是汉室宗亲，此时不作自保打算，以后必受制于人。"刘崇采纳郑珙的建议，开始蓄积力量，暗中做着应变的准备，把郑珙当作心腹。三年后，郭威果然代后汉建立后周（951年），刘崇也随即在太原称帝建立了北汉政权，以郑珙为宰相。为了对抗郭威的后周及收复中原之地，

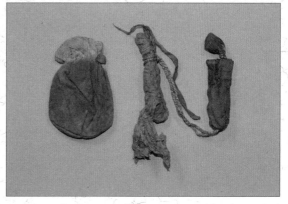

辽代丝织锦囊

第八章　人物

走进千年辽上京

成吉思汗麾下的契丹人

金代辽后，部分契丹人为女真所用，留在金朝为官。蒙古兴起后，部分契丹人投靠了成吉思汗，其中著名者有耶律楚材、明安等人。耶律楚材跟随成吉思汗西征欧亚，为蒙古帝国的扩张立下了汗马功劳。成吉思汗病逝后，他继续辅佐窝阔台，在治国理政、稳定朝局方面起到了巨大的作用。耶律楚材还主张用孔孟之道作为治国之民的原则，还用儒士来担任各级官吏。耶律楚材不愧为"治天下匠"，为蒙古国的发展做出了重要贡献，是促进蒙古贵族接受中国传统文化的第一人。人们为了纪念耶律楚材的功劳，专门为他修建了祭祠，至今还保存在北京颐和园里。

辽代陶罐

辽代陶长颈瓶

刘崇派人出使契丹，欲结其为外援。辽世宗把后周使臣姚汉英、华昭胤扣在契丹，正与后周较着劲儿，见到北汉使臣，得知刘崇在太原称帝想与辽廷结援共图中原后，就立即想到了石敬瑭。于是，他派使臣到太原对刘崇说，中原的后周已经答应每年输送给契丹十万钱，契丹与北汉只能结为父子之国，才能出手相援。刘崇见后周已经向契丹纳贡，自己不低人一等，就很难把契丹拉到自己一边，于是便拾起了石敬瑭的衣钵。但他并没有称儿皇帝，而是变了一个称呼，自称侄皇帝，称辽世宗为叔皇帝，与契丹结为叔侄之国，并派宰相郑珙出使契丹具体办理此事。郑珙于辽天禄五年（951）年6月到达辽上京，通过与辽世宗谈判，双方就结成叔侄之国达成一致意见。辽世宗虽然没有与北汉结为父子之国，但结为叔侄之国也是一个理想的结果，因此心里非常高兴，盛情招待了郑珙，酒宴上豪劝郑珙饮酒，不想郑珙身体有疾，不胜酒力，当夜便因醉酒身亡。

辽代铜铸佛像

尊耶耶娘娘骨灰匣板

贤院学士、枢密直学士、尚书左丞、判院事等职。根据《辽史·地理志》及有关资料记载，辽开泰五年（1016年），时任枢密直学士的薛映使辽祝贺辽圣宗耶律隆绪生辰千龄节，回去后著有《薛映行程录》，记录了他在辽的行程及辽上京情况。从《薛映行程录》的记载来看，薛映这次使辽的主要行程是由辽中京北行，经潢水石桥过潢水，继续北行至辽祖州再至辽上京，然后又到赤山（今巴林左旗乌兰达坝山脉）一带。关于薛映此次使辽，《辽史·圣宗本纪》、《契丹国志》、《宋史》等史料不载。《辽史·圣宗本纪》载辽开泰五年十二月"宋遣张逊、王承德来贺千龄节。"薛映当是北宋此次使辽成员之一。从薛映到过赤山避暑之地来看，他在辽至少停留半年有余。因为赤山一带是辽帝每年5月下旬至7月中旬的夏捺钵避暑之地，薛映12月到的辽上京，第二年5月下旬才能随辽圣宗到赤山避暑，期间半年有余。从史料记载来

郑珙虽然身死他乡，却也完成了外交使命，辽世宗随后派人到太原，册封刘崇为大汉神武皇帝，双方正式结为叔侄之国。盟约的结成，给双方都带来了益处。北汉虽然没有变成石敬瑭第二，却是辽廷对抗后周的一只援手，对辽廷保有燕云十六州发挥了重要作用；北汉政权因有辽廷的保护，才没有在短时间内被后周及后来的北宋太祖赵匡胤灭亡。

薛映　字景阳，北宋华阳（今四川成都）人，951年生人，宋太宗朝中进士出仕，仕宋太宗、真宗、仁宗三朝，历任礼部尚书郎中、知制诰、右谏议大夫、尚书工部侍郎、集

辽代铜镜

辽墓出土陶骨灰盒

辽墓出土扣盖陶骨灰盒

有留下北宋使臣的名字。辽统和二十二年（1004年）宋辽签订"澶渊之盟"后，双方互派使臣成为定制。但开始的时候，宋使只是到南京（今北京），后来逐渐北行至中京、上京等地。宋廷为了了解辽内地情况，要求使辽人员回来后把在辽的所见所闻，特别是山川地理情况写成书面材料上报朝廷，称作《行程录》或《语录》。《薛映行程录》是北宋使辽人员中最早记录辽上京情况的材料，其历史价值是不言而喻的。不仅元朝在编纂《辽史》时，把《薛映行程录》摘录于《辽史·地理志》上京条，用以说明由辽中京至辽上京交通驿站及辽上京城建筑情况，而且后世人们在研究辽代历史时，也常常把《薛映行程录》当作第一手资料加以引证。

富弼　字彦国，洛阳人，北宋仁宗天圣八年（1030年）与欧阳修同年考中进士步入仕途，曾多次出使辽朝，是当时北宋处理与辽和西夏关系的关键人物。辽重熙十一年（1042年），辽兴宗耶律宗真趁北宋与西夏战争中屡屡失败之机，想夺回在辽穆宗朝被五代后周世宗柴荣攻取的

看，北宋建立（960年）后与辽并没有相互通使，一直到辽保宁六年（974年），经过双方边将的接触和倡议，宋与辽签订了一个"友好和约"，双方才开始相互通使，但也只是维持了短短的4年时间，随着宋太祖赵匡胤病逝（986年），宋太宗继位后不断对北汉用兵，宋辽终止了互派使臣。期间，宋辽每年在双方皇帝生辰和正旦（春节）等重要节日时都互派使臣祝贺，但《辽史》中并没

辽代"保宁通宝"铜币

屈出律僭辽帝

　　屈出律，乃蛮部太阳汗之子，1204年，成吉思汗灭乃蛮，屈出律逃跑，于1208年到西辽投靠西辽古儿汗。在骗得古儿汗的信任后，屈出律娶了古儿汗的女儿，东归收集余众，组成军队。在1211年，联合花刺子模，双方互通密使，推翻古儿汗，夺取了西辽政权仍以"辽"为国号。屈出律篡权后，用武力强迫境内的回教徒改信佛教，导致民众的强烈反对。1218年，成吉思汗麾下大将哲别攻灭西辽，屈出律被哲别处死。

辽白釉五瓣花口长颈瓶

关南十县地（见辽穆宗传），他在往南京调兵遣将、颁布南征赏罚令的同时，派萧特末、刘六符等使宋交涉要地事宜。在辽使到达宋汴京之前，北宋君臣已经得知辽大兵压境要夺取关南十县地消息，心里都很害怕，因此当宋仁宗挑选出使辽廷及接伴辽使的人选时，宋廷群臣都惧怕到辽朝去而退避不往，只有刚刚升任知制诰的富弼勇敢地承担了这一任务，于当年6月、8月两次出使辽廷，经过与辽兴宗及辽廷谈判大臣多次交锋，据理力争，陈述利害，最终说服辽兴宗放弃了以兵夺回土地的想法，接收了增币条件，从而避免了宋辽战争的发生，维护了南北和平局面（关

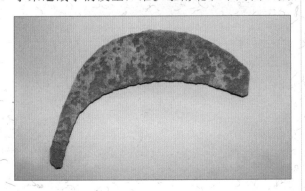

辽代铁镰刀

于富弼与辽兴宗谈判细节，如果读者有兴趣，可参读敝人拙作《契丹大辽九帝》）。关于富弼这次出使辽朝是否到达辽上京，史籍中没有明确记载。不过，富弼使辽的时间是6、8两个月，而这两个月正是辽帝的夏、秋捺钵时间，富弼还跟随辽兴宗进山一边打猎一边谈判。巴林左旗乌兰达坝山脉（辽代赤山、兔儿山）和辽祖州、祖陵所在诸山，是辽帝的夏、秋捺钵主要地域。也就是说，每年的夏、秋季节，辽帝是在辽上京附近山脉中避暑、射猎、召开臣僚会议、接待外国使臣的，富弼自然也不会例外。另外，《契丹国志》中录有《富郑公行程录》，是富弼使辽返回北宋所作，记录了他从进入辽境至辽上京的行程和驿馆。虽然此行程录被认为是《契丹国志》作者误抄宋真宗年间出使辽朝的宋使薛映所作的《薛映行程录》（《辽史·地理志》载有《薛映行程录》与《契丹国志》所载《富郑公行程录》内容相同），但此事至少说明富弼使辽回去后也著有使辽行程录，且内容与薛映差不多，由此才造成了《契丹国志》作者叶隆礼将二者弄混的现象。

也就是说，富弼使辽是到过辽上京的。富弼是北宋名臣、出色外交家，与欧阳修、苏轼、王安石、包拯、范仲淹等北宋名臣同朝为官，在宋仁宗、宋英宗、宋神宗三朝为相，曾参与范仲淹的庆历改革，公元1083年病逝，终年80岁，谥号文忠，著有《富郑公集》。

欧阳修 字永叔，号醉翁、六一居士，绵州（今四川绵阳）人，宋仁宗天圣八年（1030年）考中进士步入仕途，仕宋仁宗、英宗、神宗三朝，历任知制诰、翰林学士（宋仁宗朝）、枢密副使、参知政事（宋英宗朝）、兵部尚书、太子少师（宋神宗朝）等职。辽清宁元年（1055年）9月，时任北宋翰林学士欧阳修奉命使辽，祭奠辽兴宗耶律宗真去世、祝贺辽道宗耶律洪基即位，于当年12月到达辽上京（关于欧阳修使辽时间，史籍记载矛盾。《宋史·仁宗本纪》、《白话续资治通鉴》均载1055年9月宋仁宗派使臣到辽祭奠辽兴宗去世和祝贺辽道宗即位，但并没有说所派使臣是谁。《辽史》记载欧阳修于1055年12月到达辽廷祝贺辽道宗即位，但《白话续资治通鉴》记载欧阳修于1055年10月、12月曾两次上奏折给宋仁宗，从时间上来看，《辽史》与《白话续资治通鉴》记载矛盾）。关于欧阳修此次使辽情况，《辽史》、《宋史》、《白话续资治通鉴》等史籍均记载简单，只一句带过，从有关资料的记载来看，由于欧阳修当时在北宋和辽都有很大的名声，因此受到辽廷隆重接待。辽道宗除罢设盛大酒宴并携辽廷北府宰相萧阿剌（辽道宗亲舅舅）、惕隐大王耶律宗熙（辽景宗之孙、辽圣宗之侄、辽兴宗从弟、辽道宗堂叔）、陈留郡王耶律宗愿（辽圣宗之子、辽兴宗之弟、辽道宗叔父）、尚父中书令晋王萧孝友（辽兴宗亲舅舅、辽道宗舅姥爷）等四大皇亲国戚重臣陪宴而外，还亲自陪同欧阳修游览了辽中京、上京附近的名胜景点；欧阳修晚间休息的房间里没有用有污染的蜡烛或油灯照明，而是放置了一颗脸盆大

辽代"天庆元宝"铜币

辽代陶骨灰罐

小的夜明珠（据说这枚夜明珠是辽道宗最喜爱之物）。对于如此高标准的接待，就连辽廷陪伴使都忍不住对欧阳修私下说，这样的接待标准打破了辽廷外交史上的常规。欧阳修在接待场合的礼仪和尺度把握得十分恰当，辽道宗知道欧阳修号醉翁，喜酒量大，特意准备了已经窖藏了13年的契丹名酒"男儿烈"，并亲自劝酒。欧阳修担心自己喝多了酒有失使臣身份，两杯过后便托辞回房休息了。欧阳修在辽过完春节后才启程南返，辽道宗非常敬重欧阳修的人品操守和从政口碑，赠送其黄金20锭，欧阳修推辞不受，又以那枚自己非常喜爱的夜明珠相送，欧阳修也婉言谢绝。从时间上来看，欧阳修在辽至少4月有余（1055年9月至1056年1月或2月），期间游历了辽境内许多山川大河，了解了许多契丹风土人情，回去后撰写了《北使语录》及数首"使辽诗"，其中有一首《奉使契丹回出上京马上所作》（全诗见上文沙河节），说明欧阳修在辽的最后一站是辽上京，并在此启程南返。欧阳修所著《北使语录》及"使辽诗"成为当时北宋及后世人们了解辽王朝历史及契丹人习俗的宝贵资料。欧阳修是北宋时期著名政治家、文学家、史学家、诗人，唐宋八大家之一，千古文章四大家之一（另外三人为韩愈、柳宗元、苏轼），曾参与范仲淹的"庆历

辽代墓志

新政"，与人合修《新唐书》、独修《新五代史》，著有《醉翁亭记》等。由于欧阳修为人正直，为政清廉，忠直刚正，因此仕途坎坷，曾几次遭贬，公元1072年病逝，终年66岁，谥号文忠。

　　沈括　字存中，号梦溪丈人，1031年出生于杭州，1054年以父荫出仕，曾在地方上担任过县令；1063年考中进士，历任三司使、提举司天监、集贤院校理、知制诰、翰林侍读学士、翰林学士、龙图阁直学士等职，曾参与王安石变法。辽道宗咸雍十年（1074年），北宋经过几年努力，终于在与西夏战争中占据上峰，对西夏形成包围之势。辽道宗见再不出手干预，西夏就有被北宋灭亡的危险，于是抬起父皇辽兴宗的衣钵，派林牙萧禧出使汴京，要求与北宋重新划定河东地界，以此干预北宋向西夏用兵。此时宋神宗在化解因王安石变法而引发的各种矛盾的同时，还在与西夏进行着的战争，心里虽然清楚辽朝要

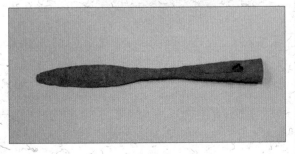

辽代铁矛

辽代佛像

记载中了解到有关情况。根据上述两资料记载，沈括使辽时的官职是知制诰，辽大康元年（1075年）3月从汴京出发至6月返回北宋，在辽行程大约3个月的时间。大致情况是：沈括3月接到宋神宗命他为使辽副使诏书后，到枢密院查阅了宋辽近几年来划界的有关记录、图纸和文书，4月渡白沟河（今河北拒马河，时为辽宋界河）进入辽境，经辽南京（今北京）北行过古北口（今北京市密云县古北口）至辽中京（今赤峰市宁城大明镇），继续北行渡潢水（今西拉沐沦河）到辽庆州（今巴林右旗境内）永安山见到辽道宗，与辽道宗一起游猎，于5月到达犊儿山（今巴林左旗乌兰达坝山脉）单于庭，6月返回北宋。期间，沈括与辽廷进行了6次正式谈判，由于沈括手中有双方近几年来划界的文书和疆界书，证据确凿，因此掌握了谈判的主动权，最终说服辽廷放弃了额外

求划界的用意，却也不敢或不愿意再与辽为敌，于是采取"妥协"之策，派人到辽廷解释说，最好是维持双方边界现状，如果宋方有错误可以改正。对于这样的"妥协"，辽方自然是得寸进尺，又提出了一些额外要求。宋使见辽方态度强硬，且提出了一些额外要求，便据理力争，寸土不让，双方经过一年余的多次谈判也没有结果。宋神宗本不想与辽为敌，于是撤换了与辽谈判态度强硬的使臣，改派沈括出使辽廷解决双方划界事宜。关于沈括出使辽廷谈判划界一事《辽史》不载，《契丹国志》虽然有载却极为简单，我们只能从沈括使辽返回北宋后所著《使契丹图》（亦称《使虏图抄》）及《白话续资治通鉴》的

辽铜执壶

要求，为最终划定双方地界奠定了基础。沈括回到汴京后，因功被提拔为翰林学士、权三司使。沈括是我国著名科学家和地理学家，所著《使虏图抄》记录了辽朝的山川险阻及风俗人情，是当

最后的契丹武士——耶律留哥

耶律留哥(1165~1220年)，契丹人，曾任金朝北边千户。蒙古兴起后，卫绍王为防范契丹人叛金投蒙，令两户女真人夹居一户契丹人。耶律留哥怀怨，乘金上京、泰州守兵调防之机，于崇庆元年在隆安、韩州一带举兵反金，拥众十余万，自立为都元帅。后归附蒙古，与蒙古按陈那颜结盟，在蒙古军援助下，大败金军于迪吉脑儿，后于贞祐三年(1215)十一月，赴北朝觐蒙古成吉思汗，被赐金虎符，仍号辽王。

时北宋君臣及后世了解和研究契丹历史及风土人情的宝贵资料；他晚年所著《梦溪笔谈》内容极为丰富，是一部科学巨著，被誉为中国科学史上的坐标。

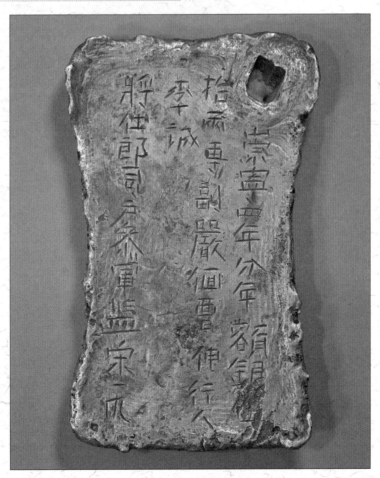

北宋向辽进贡银铤

后 记

这本书是作者多年来阅读《辽史》的心得，同时也想为家乡发展契丹辽文化产业尽一点微薄之力。

《辽史》在二十四史中错讹最多，这已经是史学界的共识。即便如此，《辽史》仍然是我们研究契丹辽王朝历史的第一手史料。其实任何事物都是一分为二的，正是《辽史》的这种欠缺，给了我们更多的研究和思维空间，使我们可以充分发挥想象力，去遐想千年前契丹人的故事，这也正是作者喜欢阅读《辽史》之所在。

巴林左旗作为辽上京故地，是契丹辽文化发源地，发展契丹辽文化产业具有得天独厚的优势。这里的每一座山、每一条河都留下了契丹人的足迹和记忆，这里的每一座辽城遗址、每一件辽代文物都蕴含着契丹人的智慧、传承着契丹人的文明。这些都是契丹人留给我们的丰厚遗产，是我们所独有的契丹辽文化资源。发展契丹辽文化产业，需要发掘和研究这些契丹辽文化资源，从中提炼契丹辽文化元素和符号，释放正能量，让更多的人知道契丹人的故事，了解契丹辽文化内涵，营造契丹辽文化氛围，这便是作者撰写本书的初衷。

本书以《辽史》为第一手史料，参考和采纳了一些古今契丹辽史专家学者的研究成果，其中一些观点是作者一家之言，如辽祖州石室为辽德陵、辽代有永州和祖州两座木叶山、韩知古被述律平所杀等，意在抛砖引玉。

巴林左旗政府副旗长刘长学、原巴林左旗政府副旗长赵新华、原巴林左旗辽文化办公室主任潘海军对本书提出了建设性意见；巴林左旗辽上京博物馆馆长李建奎、巴林左旗统战部副部长王世明提供了图片资料，巴林左旗档案局任久奎对本书部分图片进行了初步处理，在此谨致谢意。

作 者

2013 年 3 月 25 日于辽上京

走进千年辽上京

参考书目

1.《辽史》（元）脱脱撰著；

2.《中国历史·辽史》李锡厚著；

3.《五代史话》沈起炜著；

4.《契丹国志》（宋）叶隆礼著；

5.《旧五代史》（宋）薛居正撰著；

6.《新五代史》（宋）欧阳修撰著；

7.《中国边疆经略史》马大正主编；

8.《辽史、金史、元史研究》瞿林东主编；

9.《资治通鉴》（宋）司马光著；

10.《白话续资治通鉴》（清）毕沅著；

11.《简明中国历史地图集》谭其骧主编；

12.《渤海国史话》黄斌、黄瑞、黄明超著；

13.《大辽国史话》黄斌著；

14.《大金国史话》黄斌、刘厚生著；

15.《辽代契丹本土风貌》任爱君著；

16.《辽代后妃参政现象考略》孟凡云、陶玉坤著；

17.《大契丹国》（日）岛田正郎著；

18.《辽代政权机构史稿》何天明著；

19.《临潢集》李锡厚著；

20.《辽金简史》李桂芝著；

21.《辽宫英后》顾宏义著；

22.《契丹帝国传奇》承天著；

23.《北疆通史》赵云田主编；

24.《辽史地理志汇释》谭其骧主编；

25.《辽宋西夏金代通史》漆侠主编；

26.《梦溪笔谈》（北宋）沈括著；

27.《契丹开国皇后》杨军著；

28.《辽太祖阿保机的耶律家族》李强著；

29.《辽夏金元史徽·辽朝卷》张久和编著；

30.《漫话辽中京》乌成荫著；

31.《临潢史迹》曹建华、金永田主编；

32.《大辽韩知古家族》何振祥、曹建华主编；

33.《世家大族与辽代社会》王善军著；

34.《中国古代北方民族通论》林干著；

35.《东胡史》林干著；

36.《松漠之间》刘浦江著；

37.《赤峰历史与考古文集》项春松著；

38.《辽史纪事本末》（清）李有棠撰；

39.《辽上京研究论文集》王玉亭主编；

40.《首届辽上京契丹·辽文化学术研讨会论文集》；

41.《中韩第三届"宋辽夏金元史"国际学术研讨会论文集》；

42.《赤峰文物古迹博览》苏赫、乌国政主编；

43.《辽中京历史文化研究》吴京民主编；

44.《辽庆州白塔文物志略与纪闻》韩仁信著；

45.《巴林右旗文史资料》（第五辑）穆松编；

46.《巴林左旗志》；

47.《阿鲁科尔沁旗志》。